novas buscas
em educação

VOL. 35

CB057372

Dados Internacionais de Catalogação na Publicação (CIP)
(Câmara Brasileira do Livro, SP, Brasil)

Colombier, Claire
   A violência na escola / Claire Colombier, Gilbert Mangel,
Marguerite Pedriault; [tradução de Roseana Kligerman Murray] -
São Paulo: Summus, 1989 - (Novas buscas em educação; v. 35)

   ISBN 978-85-323-0344-8

1. Agressividade em crianças 2. Disciplina escolar 3.
Violência nas escolas I. Mangel, Gilbert II. Pedriault,
Marguerite. III. Título. IV. Série.

	CDD-371.58
89-1165	-155.418

Índices para catálogo sistemático:

1. Agressividade em crianças : Psicologia infantil   155.418
2. Crianças agressivas : Controle de comportamento :
   Psicologia infantil   155.418
3. Escolas : Problemas de disciplina : Educação   371.58
4. Escolas : Violência estudantil : Educação   371.58
5. Violência : Educação   371.58

www.summus.com.br

Compre em lugar de fotocopiar.
Cada real que você dá por um livro recompensa seus autores
e os convida a produzir mais sobre o tema;
incentiva seus editores a encomendar, traduzir e publicar
outras obras sobre o assunto;
e paga aos livreiros por estocar e levar até você livros
para a sua informação e o seu entretenimento.
Cada real que você dá pela fotocópia não autorizada de um livro
financia o crime
e ajuda a matar a produção intelectual de seu país.

A VIOLÊNCIA NA ESCOLA

CLAIRE COLOMBIER
GILBERT MANGEL
MARGUERITE PERDRIAULT

summus editorial

Do original em língua francesa
COLLÈGUES: FAIRE FACE À LA VIOLENCE
Copyright © 1984 by Syros, Paris
Direitos desta tradução reservados por Summus Editorial

Tradução: **Roseanna Kligerman Murray**
Capa: **Edith Derdyk**
Direção da Coleção: **Fanny Abramovich**
Impressão: **Formacerta**

Summus Editorial

Departamento editorial
Rua Itapicuru, 613 – 7º andar
05006-000 – São Paulo – SP
Fone: (11) 3872-3322
Fax: (11) 3872-7476
http://www.summus.com.br
e-mail: summus@summus.com.br

Atendimento ao consumidor
Summus Editorial
Fone: (11) 3865-9890

Vendas por atacado
Fone: (11) 3873-8638
Fax: (11) 3872-7476
e-mail: vendas@summus.com.br

Impresso no Brasil

NOVAS BUSCAS EM EDUCAÇÃO

Esta coleção está preocupada fundamentalmente com um aluno vivo, inquieto e participante; com um professor que não tema sua próprias dúvidas; e com uma escola aberta, viva, posta no mundo e ciente de que estamos chegando ao século XXI.

Neste sentido, é preciso repensar o processo educacional. É preciso preparar a pessoa para a vida e não para o mero acúmulo de informações.

A postura acadêmica do professor não está garantindo maior mobilidade à agilidade do aluno (tenha ele a idade que tiver). Assim, é preciso trabalhar o aluno como uma pessoa inteira, com sua afetividade, suas percepções, sua expressão, seus sentidos, sua crítica, sua criatividade...

Algo deve ser feito para que o aluno possa ampliar seus referenciais do mundo e trabalhar, simultaneamente, com todas as linguagens (escrita, sonora, dramática, cinematográfica, corporal etc.).

A derrubada dos muros da escola poderá integrar a educação ao espaço vivificante do mundo e ajudará o aluno a construir sua própria visão do universo.

É fundamental que se questione mais sobre educação. Para isto, deve-se estar mais aberto, mais inquieto, mais vivo, mais poroso, mais ligado, refletindo sobre o nosso cotidiano pedagógico e se perguntando sobre o seu futuro.

É necessário nos instrumentarmos com os processos vividos pelos outros educadores como contraponto aos nossos, tomarmos contato com experiências mais antigas mas que permanecem inquietantes, pesquisarmos o que vem se propondo em termos de educação (dentro e fora da escola) no Brasil e no mundo.

A coleção *Novas Buscas em Educação* pretende ajudar a repensar velhos problemas ou novas dúvidas, que coloquem num outro prisma, preocupações irresolvidas de todos aqueles envolvidos em educação: pais, educadores, estudantes, comunicadores, psicólogos, fonoaudiólogos, assistentes sociais e, sobretudo, professores... Pretende servir a todos aqueles que saibam que o único compromisso do educador é com a dinâmica e que uma postura estática é a garantia do não-crescimento daquele a quem se propõe educar.

SUMÁRIO

Prólogo 9
Prefácio 11
Introdução 17

PRIMEIRA PARTE: A VIOLÊNCIA NO COTIDIANO

Capítulo 1: O cenário 21

Capítulo 2: Cenários de violência 27

SEGUNDA PARTE: CONTRA AS PAREDES, A PALAVRA

Capítulo 3: Violências 45
Capítulo 4: Reprises 57
Capítulo 5: Abdel 73

TERCEIRA PARTE: DA VIOLÊNCIA SELVAGEM À VIOLÊNCIA SIMBÓLICA

Capítulo 6: Não se enganar com as questões 87
Capítulo 7: Necessidade, pedido, desejo 95
Capítulo 8: Violência, desejo, lei 101

QUARTA PARTE: DO CÃO DE GUARDA À GARANTIA DA LEI: UMA ESTRATÉGIA DE FORMAÇÃO

Capítulo 9: Punir ou sofrer: não, obrigado! 111
Capítulo 10: Um estágio que vale o desvio. 115
Capítulo 11: Responsável pelo estágio, uma posição a ser mantida 119
Capítulo 12: Grupos para durar 131

Conclusão 139
Anexos 141

PRÓLOGO

Quem é que fala aqui? Este livro não teria existido sem os múltiplos grupos passados, sem todos os companheiros que há muitos anos se dedicam à pedagogia institucional.
Fora os autores, participaram deste trabalho em graus diversos:

Danielle Arsigny	primeiro ano de trabalho sobre a classe de
Raymond Glaude	5? de M. Perdriault
Danièle Cogis	co-autora da monografia
Evelyne Morzenski	contribuições aos capítulos 1 e 2
Francine Joris	
Daniel Basso-Fin	contribuição ao capítulo 1
Rose-Marie Thierry	participação em uma semana de trabalho sobre o livro

O trabalho da E.P.I. "Schéhérazade" foi utilizado para a redação de certas partes.

Cada um dos autores ficou com a responsabilidade de uma parte e se encarregou de sua redação final:
 1ª e 2ª partes: Marguerite Perdriault
 3ª parte: Claire Colombier
 4ª parte: Gilbert Mangel

A realização do conjunto do livro foi feita sob a responsabilidade de Claire Colombier (que responde pela EPI-Livro).

PREFÁCIO

Transmitir um saber e formar homens são as funções do ensino. A forma de um ensino é determinada pela maneira como se juntam estas duas obrigações: favorecer a aquisição de conhecimentos e tornar os futuros cidadãos aptos a defender seus interesses. É muito comum ouvir falar que a segunda obrigação se cumpriria em detrimento da primeira. Sendo contraditórios os fins desejados, um pedagogo sério seria obrigado a fazer esta dolorosa escolha.

A pedagogia institucional — que sobre este ponto se inscreve numa tradição antiga — diz o contrário. O saber se adquire melhor e mais rápido quando o desejo do aluno não é de antemão negado.

A pedagogia institucional convoca este desejo e abre as melhores possibilidades subjetivas para a aprendizagem dos conhecimentos.

Mas, como é que a escola, em geral, assegura esta dupla função de ensinar e formar? Resposta: a articulação que ela propõe é do tipo autoritário. Em sua fonte, esta autoridade é republicana. Na sala de aula se obedece a tudo. Esta indução à passividade nem sempre torna desejável a atividade escolar.

Muitos pensaram que não seria prudente excluir os alunos das deliberações que determinam seu trabalho, a vida de sua turma e de seu estabelecimento. Por que, perguntam eles, afastar a sagacidade dos jovens na hora de coordenar suas atividades?

Alguns agiram.

Em 1920 nascia a classe cooperativa de Célestin Freinet. Em 1950 a experiência se renovou em contato com a psicanálise. Ao longo de gerações algumas centenas de pessoas foram formadas. Elas conduzem sua turma com uma organização na qual a relação dos alunos durante o trabalho é completamente diferente. De fato, o Conselho Cooperativo da turma, tomando parte na deliberação das considerações econômicas e técnicas, leva os alunos a refletir concretamente sobre os problemas de natureza legislativa e executiva ligados a qualquer trabalho.

Como se manifesta no professor esta disposição das coisas? Ela implica numa total mudança no modo de legitimação da autoridade. Isto é, nos referenciais de diferenciação que caracterizam uma relação de diálogo. Poderíamos dizer, com o sentido muito geral que os psico-sociólogos dão a este termo, que a uma personalidade do tipo autoritário deve suceder uma personalidade do tipo liberal.

Esta transformação imperativa é de grande dificuldade. Ela supõe, já que há desejo em jogo, que este seja escutado e, conseqüentemente, que o modo autoritário seja recusado. Esta recusa, que vai aparecer com freqüência neste livro, é relativa ao método.

Entretanto, como a inspeção acadêmica geralmente se considera a responsável pelo modo autoritário ligado ao modo tradicional de ensino, convém alertar aqui sobre a confusão que decorre deste estado de coisas. A pedagogia institucional não se opõe à instituição escolar. Ela é uma possível estratégia de ensino que os inspetores — por menos que estejam a par de sua lógica — podem fiscalizar como a qualquer outra. Ela não é progressista no sentido de uma concepção de mundo. Enfim, é o contrário do descompromisso. A suavidade ou doçura que o método contém não exclui a violência que o estabelecimento de uma ordem traz consigo.

O professor tradicional aparenta poder desprezar a violência constitutiva da ordem necessária ao seu ofício. E, todavia, é sobre este ponto que repousa a formação dispensada. Além disso, quando a violência dos alunos atinge a possibilidade de ensinar, o reconhecimento "liberal" da violência no ensino vai ao encontro da violência mais ingênua, selvagem e desastrada dos alunos.

Conter a violência, ou melhor, dar a ela um outro destino, não depende de uma grande inovação, mas do lugar e do conteúdo mais essencial, mais ajustado e mais forte que pode ser dado a uma pedagogia capaz de explicitar a natureza de seus verdadeiros recursos.

A violência e suas causas que, com toda a razão, tanto preocupam, possibilitam demonstrar os recursos da pedagogia institucional.

A violência juvenil não é a soma de delitos que o Código Civil descreveria com precisão. Os menores não são obrigados a conhecer a lei de fato. Eles estão na escola para aprender a sua função. A sua violência é a procura de um estilo, de uma supervalorização ostensiva, que parece caminhar em sentido oposto ao esperado. É necessário então frear, sem esperar aquela vertigem diante da qual, a violência a que um professor pode lançar mão, tem apenas um pequeno efeito de contenção.

O Conselho Cooperativo da pedagogia institucional traz então um referencial comum, real, indispensável a qualquer vida ou trabalho. São examinadas a expressão, a inteligibilidade e o ato dos delitos... assim como o suposto poder do professor.

O Conselho

O Conselho Cooperativo é o meio, a ferramenta da pedagogia institucional. É o ponto de partida e de chegada de muitas ações. A tríplice natureza de suas funções — legislativa, executiva e econômica — faz dele uma instituição completa. Uma instituição autêntica e não uma administração centralizada e burocrática. Instituindo um modo de acesso à palavra, o Conselho é um mediador concreto que permite aos atores refletir sobre sua ação, agir com eficácia e prudência e usufruir aquilo a que têm direito.

Para seu estabelecimento, o Conselho convida seus participantes a constituir suas leis locais. Um exemplo mostra que alunos destruidores têm o maior respeito por estes editais provisórios: nenhum dentre eles ousará rabiscar no caderno que os recolhe, quando houver ensejo para esta possibilidade.

Assim, cada um participa da elaboração das disposições que regulamentaram seu acesso ao saber e à distribuição das seqüências de trabalho. Desta maneira, os desejos e os intelectos envolvidos numa lei conhecida e comum, também estarão envolvidos pela ação.

Para atingir este resultado, é inútil renunciar ao princípio do *noli tangere*, de postular um desejo de saber incerto ou ainda um misterioso apetite de conhecimento de si próprio. Basta provocar e determinar um espaço para a palavra, fazendo deste espaço um lugar desejável, para que se possa chegar ao saber e à reflexão.

O Conselho gera uma sociabilidade inteligível e propicia aos alunos a compreensão do significado pleno de sua atividade.

Com o saber assim dispensado, concretizam-se também as opções para sua execução.

O desejo e a interpretação da situação

O recurso a uma posição de escuta e aos conceitos psicanalíticos, deve ser justificado a partir do espaço criado pelo Conselho para a palavra.

Tal campo do inconsciente pode se definir a partir do desejo se nos lembrarmos de que este, e o recalque que é consecutivo ao desejo, resultam da relação com a lei familiar (*diké*), enquanto que a lei da cidade (*themis*) induzida pelas censuras, as quais determinam um campo inconsciente, é comum aos psicanalistas e aos pedagogos. Mas, sendo diferentes os objetivos do pedagogo e dos psicanalistas, cada um se ocupa disso de uma maneira diferente. O psicanalista privilegiará primeiro o passado, o recalque devido à lei familiar. O pedagogo só deverá se ocupar da parte dos enunciados ligados ao inconsciente, que derivam parcialmente da força das normas locais construídas. Além disso, se o pedagogo — assim como psicanalista — encaram o futuro longínquo, só o professor tem o dever do futuro imediato e do trabalho do presente.

Esta diferença entre as leis familiares e as civis, esta força própria da ordem local constituída, é por nós constatada. Vimos o respeito que as crianças legisladoras dão às suas próprias convenções. Estas convenções, da ordem da justiça pública (*themis*) são comuns a todos os membros do Conselho. Os alunos não se esquecerão de lembrar isso ao pedagogo que se esquecer de levar em conta esta lei comum.

Se tal escuta é possível, é porque o princípio do *no tangere* foi guardado. Assim, mesmo estando o educador fora de qualquer relação sexual, ele pode ser o destinatário não perigoso do amor e do ódio.

Esta "não resposta" estabelece a possibilidade de que toda energia seja consagrada à descoberta das vias da sublimação, ou, pelo menos, do prazer incomparável e finalmente pouco desejado do saber.

Duas dificuldades limitam e orientam a busca pedagógica. A primeira diz respeito à proximidade do seu discurso com a psicanálise, já que o recalque antigo e a censura presente, refletem um sobre o outro. Esta proximidade torna ainda mais exigente a elaboração de conceitos específicos. Nem todos os conceitos psicanalíticos são apropriados para dizer o que o professor escuta, nem por que e como ele escuta o que é possível e importante ouvir.

A segunda dificuldade diz respeito ao problema da sanção, quando ela é confundida com o poderoso fenômeno do "bode expiatório", que poderia parecer estar em seu lugar.

Trata-se de outra coisa completamente diferente.

O fenômeno do bode expiatório leva tudo com ele. Pode acontecer, por ocasião de um estágio, como se verá no Capítulo 4, que o seu turbilhão atravesse e se imponha como laço social. Por exemplo, com razão ou sem razão, não se sabe bem por que, uma pessoa enraivecida vai participar de um estágio e se recusa a tudo. Ela se retira ruidosamente e a lembrança desta pessoa ecoa como um fantasma. A pedagogia institucional não gosta de se ver envolvida nesta situação, que vai contra os seus princípios, aos seus objetivos e ao seu uso real. Um Conselho só tem sentido e só é eficaz se todos os alunos nele se encontram. E é um fato que — mais do que qualquer outra instituição comparável — ele favorece o acesso de todos à palavra e, portanto, ao saber.

A questão que se coloca agora é saber por que, até quando e como, determinado vínculo pode subverter, senão, substituir qualquer outro.

O futuro da pedagogia institucional

Os enunciados positivos da pedagogia institucional não são suficientes para definir a condição profissional do educador que os coloca em funcionamento.

Quem escolhe este caminho educativo pode ser alvo de todas as formas de pressão. Os que estão próximos se emocionam, os colegas ficam intrigados, os inspetores se irritam. A transformação do modo habitual da legitimação do saber pode ser acompanhada de reações que isolam o suposto inovador. A sua situação é, então, bastante precária algumas vezes.

Essas vicissitudes requerem do professor uma profunda reflexão sobre a nova maneira de fazer as coisas e sobre os obstáculos que podem acompanhar esta escolha. Elas o levam a preparar sua experiência e abrir espaço às exigências determinadas para uma formação adequada, a enxergar mais além e a manter os laços de um convívio de trabalho.

Daí então a necessidade de uma formação específica e de encontros entre os praticantes. A instituição de um Conselho não é coisa fácil; não é fácil a disposição para a palavra do outro que ele pressupõe.

O tecido institucional necessário a este acesso é constituído pelo *Grupo de Pedagogia Institucional*. Sua função é responder às questões de formação e de comunicação entre seus membros. Faz conhecer as monografias, as experiências e os trabalhos que elas suscitam, em particular publicando-os.

Desde 1981, a associação *A Pedagogia Institucional Agora* permite que os estágios se desenvolvam sob a proteção dos poderes públicos.

O ministro é socialista. A majestade intimidadora do ideal republicano ficou enfraquecida entre os alunos, mesmo entre os professores ou educadores. A violência aumenta. O ministro presta atenção às soluções que se apresentam. A pressão da patologia social contribui para colocar em foco a validade dos métodos que a pedagogia institucional elaborou, freqüentemente em classes difíceis e em tempos mais calmos.

Em parte ficou ainda o preconceito de que os métodos se justificam, sobretudo nas classes primárias agitadas, onde foram primeiramente introduzidas.

E, todavia, não somente ela se aplica de uma maneira magistral nas classes de bom nível, mas também — como a monografia aqui publicada vem provar — nas classes secundárias.

Esta extensão inédita, faz a problemática da pedagogia institucional entrar no cerne das questões levantadas por uma real reforma do ensino.

Marc Rouanet

INTRODUÇÃO

Violência nos colégios... Quem já não ouviu contar sobre as atribulações de certos professores seqüestrados, espancados ou violentados, as brigas com faca na hora do recreio, as extorsões, as drogas?...O rumor público, amplificado pela mídia, não se cansa de repetir que a violência aumenta nos colégios. Cada fato é incansavelmente comentado, até se tornar um símbolo. E o medo vai aumentando.

No entanto, ao contrário do que se diz, a violência diminuiu fortemente, se a considerarmos com um certo recuo histórico e se levarmos em consideração também as noções definidas pelo Direito: criminalidade, atentado à integridade física das pessoas.

Mas novas formas de violência aparecem no colégio, inexistentes há apenas quinze anos atrás. As agressões cotidianas, os atos de "pequena" delinqüência se multiplicam. Como localizar com precisão todas as formas de transgressão? Não é mais fácil isolar as múltiplas causas sociológicas, políticas ou psicológicas.

A violência que as crianças e os adolescentes exercem, é antes de tudo, a que o seu meio exerce sobre eles.

Podemos ver que durante um ano, as situações ficam bloqueadas, aparecem atos de vingança, como se alguma coisa não chegasse a ser dita. Sabemos muito bem como a escola-caserna é vivida como um lugar trancado, que impõe aos corpos uma ordem uniforme, hierarquizada, à qual não há meio de fugir: regras, controles, punições, dominação, são os meios habituais de disciplina.

Professores, educadores em contato diariamente com todas as formas de violência, gostaríamos de dizer aqui como tentamos enfrentar, como resistimos a estas forças de morte. Palavras autorizadas não por um saber universitário sobre a questão, que se satisfaria com a elegância de seu ponto de vista sobre o conjunto da situação ou com a pertinência de suas análises, mas palavras que se sustentam com as práticas sempre em questão, com as hesitações e os esforços de teorização.

"Não dizer nada que não tenhamos feito ou vivido", dizemos nós.

Não negamos a violência nos colégios. E, mesmo, não a evitamos. Não a consideramos como o mal absoluto que seria preciso conter por meio de sanções. "Mais disciplina, autoridade, punições, severidade, cuidado, repressão..." Quem não conhece este refrão de todos os reacionários? Agir assim seria acreditar que se pode eliminar o problema e logo se expor ao retorno do que foi recalcado. É o círculo vicioso da revolta e da repressão.

A violência é para nós, em princípio, uma questão que não se deve ser afastada. É vital perguntarmos: o que é que se está dizendo com isso? Que discurso da recusa não encontra outra maneira de ser dito? O que fazer desta força que com freqüência destrói? A violência não é estranha ao desejo. Em vez de deixá-la nas margens, ou de nos desviarmos dela confusamente, convém tratá-la.

É este o objetivo deste livro.

Em alguns quadros rápidos, todos tirados de testemunhos autênticos, o cenário é composto. Duas histórias dão ao leitor, em seguida, uma idéia mais precisa dos dramas que infelizmente são o quinhão cotidiano dos professores e dos jovens nos estabelecimentos onde eles são obrigados a viver hoje em dia.

A monografia abre outras perspectivas. É possível fazer alguma coisa apesar de tudo... Mas isto não é evidente.

A terceira parte formula, num outro registro, estas perspectivas. Para permitir ao leitor nos situar melhor, tentamos explicitar algumas noções fundamentais subjacentes a nossa ação e a nossas buscas. A colocação em prática de tal pedagogia supõe uma formação particular: alternância de estágios e de trabalho em grupos que permitam remeter sem cessar nossa obra sobre o ofício... Esta última parte talvez dê uma idéia do preço que se paga, hoje em dia, para viver situações educativas com alguns motivos de esperança.

PRIMEIRA PARTE
A VIOLÊNCIA NO COTIDIANO

CAPÍTULO UM
O CENÁRIO

O *blues* de subúrbio, você conhece? Longa viagem pelas cidades-dormitório, pelos centros comerciais desertos ou superlotados, visão panorâmica sobre os descampados...
E o *blues* dos colégios? As mesmas construções de um lado a outro da França, a mesma cor insípida, as mesmas fileiras de janelas, mesas, cadeiras... Algumas variantes tão sutis que nem o olho mais treinado consegue perceber.

1.

É contra a própria construção que se voltam os pré-adolescentes e os adolescentes, obrigados que são a passar neste lugar oito ou nove horas por dia. Será a deterioração que eles sofrem que corrói as coisas? Mais visível do que a violência contra as pessoas, ou do que contra si próprio, são os estragos do material escolar:
Salas de aula
Mesas riscadas com canivete, desmontadas, cadeiras quebradas, piso danificado, as paredes rabiscadas. As portas, sobretudo, sofrem grandes acessos de cólera: buracos por causa de violentos pontapés, fechaduras entupidas com chicletes, com cola ou quebradas.

Banheiros

Nem uma só porta nos banheiros dos meninos. Privadas entupidas. Pias entupidas propositalmente para provocar uma inundação.

Durante o dia

Tudo desaparece: os materiais, os manuais, as roupas... Guardar sempre consigo sua mochila, seu casaco, se não quiser ficar sem nada. Na biblioteca, livros e apostilas são roubados. As enciclopédias, muito grandes, são simplesmente rasgadas.

À noite

Vidros quebrados, roubo do material de física, do material do cine-clube. Pilhagem várias vezes por ano, na mesa do orientador educacional: fichários destruídos, material incendiado...

Queixas sem fim dos funcionários. O marceneiro conserta, as faxineiras limpam. É a lógica do oprimido que se torna opressor: os alunos aumentam a carga de trabalho dos empregados, enquanto que as supressões regulares dos postos já criam uma situação bastante difícil.

2.

Mas o cenário de um colégio não se limita às suas paredes, aos seus objetos. É preciso saber o que circula entre as pessoas: um pouco de saber, sem dúvida, mas sobretudo cóleras, ódios, amores... e agressões.

Corredores

Um pontapé na escada: um aluno cai. Desmaios e vômitos durante vários dias.

Um garoto sufoca: um outro acaba de estrangulá-lo, ou quase, no canto do corredor.

Uma turma espera o professor. Ela se divide em dois para impedir a passagem dos alunos que passam por lá. Eles escolhem um pequeno como bola de pingue-pongue, jogando-o de um lado para o outro. Ele bate com a cabeça numa quina e cai. Enfermaria, hospital. Traumatismo craniano.

Sala dos professores

Um professor de inglês chega vermelho de raiva, a roupa toda manchada de tinta nas costas. Um outro teve suas chaves roubadas durante a aula. O orientador educacional, um funcionário, tal ou tal professor, foram grosseiramente insultados por um aluno da 6.ª ou 5.ª série. Um professor levou vários pontapés na barriga ao tentar defender um pequeno contra uma gangue.

Na sala de aula

O tumulto é um espetáculo: dois garotos se enfrentam. Cada um procura machucar o outro. A tensão aumenta. Uma roda se forma em volta deles. Chega um inspetor. Dispersão. Um dos brigões é mandado para a enfermaria. O outro, na hora da saída, é esperado pelos amigos do seu adversário. Eles o deixam estendido no chão, quase desacordado e desaparecem.

Durante a aula

Uma classe de 6ª série: eles não param quietos no lugar, se agitam por todos os lados, se levantam, discutem com seus vizinhos. Uma mochila cai. Seu conteúdo se espalha. Dois alunos se batem. Ele não trouxe o livro. Ela não trouxe o fichário.

— O que que a senhora disse? Pode repetir?
— Mais devagar!
— Professora, ela pegou minha régua!
— Professora, ele está puxando meu cabelo!
Ele ou ela me traz o seu caderno: — Assim está bom?
— De que cor tem que escrever?
— Professora, ele está me xingando!
Silêncio.
De repente, gargalhadas. Dispersão.

Malik está no mundo da lua. Marc, perto da janela, faz muito devagarinho ponta em seu lápis.

Isabelle se irrita. Uma discussão lá no fundo da sala. Jean-Claude dá uma volta para ver Fabrice. Disfarçadamente arranca a folha de Pilar. — ''Professora...''

No meio do barulho, ficar disponível. Professor ou domador de feras? Como canalizar este excesso de vitalidade? Fazer uma barragem mas não uma captura. Deixar a água viva. Uma questão de energia.

E do lado de fora

Atmosfera de fim de ano. Gisèle, professora auxiliar de música, está passando ao longo da grade. Três alunos vêm vindo em sentido inverso lá fora.

— ''O que vocês estão fazendo aí fora? Vocês deviam estar na sala de aula!''

— ''Vá à merda!... Não estamos no colégio! Você não tem nada com isso''...

Gisèle atravessa a cerca e quer pegar pelo braço o aluno que teve a coragem de lhe falar neste tom. Ela quer levá-lo ao orientador educacional. Mas o aluno consegue se soltar e grita uma ofensa pior ainda. O tapa que recebe tem sobre ele o efeito de uma grande injustiça: ser esbofeteado fora do colégio por uma mulher e ainda por cima diante dos seus companheiros! Ele pega um pau e atinge Gisèle em plena testa. Ela cai. Um dos seus colegas percebe tudo e vem ajudá-la. Os três alunos fogem correndo. Tumulto no colégio. Chamam a polícia, mandam a polícia embora. O incidente será encerrado sem nenhuma conseqüência.

Do lado dos alunos: uma menina da 5ª série chega coberta de equimoses, um olho roxo. Seu tio, ou tutor, não gostou da sua caderneta. Uma outra foi agredida pelo pai de sua amiga que achava que ela não era boa companhia.

Num ônibus escolar três garotos da 4ª série batem numa menina da 6ª. Ninguém se dá conta de nada, ninguém intervém. Quando o ônibus chega, a menina não está enxergando, está muito machucada.

Saída da escola

Volta de um passeio. Os alunos da 6ª série descem do ônibus na frente do colégio, em frente ao prédio do primário. É a hora da saída. De repente ouvem-se gritos. Agudos, mas breves, muito sentidos. Os alunos param de descer. Eu escuto: "Mas é o teu pai, Rachid!"

Na rua, no meio da calçada, um homem dá pontapés num garoto caído no chão, todo enrodilhado, a cabeça entre as mãos. O garoto soluça e grita: "ai, ai, ai"! É o irmãozinho de Rachid. O adulto parece fora de si. Ele bate, dá pontapés. A criança berra, se debate. A diretora-adjunta do colégio tenta fazer alguma coisa. É empurrada: "Me deixa em paz. Ele é meu filho. Você não tem nada com isso. Cai fora!" - Ele espuma de raiva, arruma a gravata e joga a mochila para a criança que sangra e chora.

Rachid, petrificado, olha seu pai e chora.

"Ah, você está aí! Vamos embora." Rachid recebe um empurrão. Perde o equilíbrio. O pai levanta o menino do chão. Eles se afastam. O pai estava dando uma lição no seu filho: ele tinha matado aula.

O caso Maurício

Gritos nos corredores de um colégio para crianças e adolescentes problemáticos. Um dos professores vai ver o que se passa. Maurício quer obrigar Fátima a descer as escadas. Ela já tinha se queixado um pouco antes. Maurício a beliscava, não parava de incomodá-la. O professor manda Maurício descer e deixá-la em paz. Mas ele continua a empurrá-la. O professor agarra então o garoto para obrigá-lo a deixar Fátima. Maurício reage violentamente: dá uma cabeçada no nariz do professor. O golpe é público. Todos os alunos estavam reunidos para ver o que estava acontecendo. O inspetor geral chega, pega Maurício que ainda reage com violência. "Pega as suas coisas e vá embora!", fala o inspetor geral. Maurício foge depois de um novo tumulto. Mas ele só tem 17 anos e o instituto não pode expulsá-lo de vez. Ele volta no dia seguinte de manhã, passa pelo conselho de disciplina. Será suspenso por quinze dias, repreendido várias vezes, impedido de sair livremente, ameaçado de expulsão definitiva ao menor problema criado.

A violência de Maurício atingiu o professor: ferida feita a um indivíduo, mas também ao corpo social, que só reencontra sua unidade através da sua exclusão. A questão é bem essa: para que o corpo social mantenha sua integridade, ou melhor, construa sua coesão, não existe outro caminho a não ser o da exclusão?

3.

Alguns, mais silenciosos, voltam sua agressividade contra si próprios.

Muitos são os ferimentos que os alunos se fazem mais ou menos acidentalmente: cortes, queimaduras, fraturas diversas. As doenças crônicas de alguns, crianças e adultos, durante o período escolar, são o sinal visível de seu mal-estar.

As fugas: alunos que desaparecem subitamente por alguns dias, uma semana... Mal-estar em todos os lugares, na escola, na família. Eles se retiram e se escondem para que — enfim — as pessoas vejam que eles existem.

Os suicídios: um aluno da 4ª série, rejeitado por todos, ameaçado de expulsão, se enforcou voltando do colégio. Uma professora se suicidou alguns dias antes do começo das aulas, porque lhe parecia impossível retomar o trabalho. A imprensa algumas vezes fala destes suicídios, sem poder decidir se são casos isolados ou se são sintomas.

Alguns dirão, sem dúvida, que nestas situações extremas a violência é sobretudo familiar, antiga:

— "Eles têm problemas em casa, não é culpa da escola, não podemos fazer nada".

Mas, sem acreditar que a escola vá apagar as dificuldades de cada um em suas relações, em sua história pessoal, poderíamos desejar que ela não reproduzisse as mesmas situações de exclusão. Que ela não aumentasse o sofrimento de cada um e que, em todo caso, fosse possível falar sobre isso, o que é absolutamente raro.

Em oposição a estas violências espetaculares, o que acontece diariamente é a depressão, o tédio, o desgosto. Gerações de alunos passam, fechados em seu silêncio, bem comportados, muito bem comportados, sem desejo, sem palavra. Eles sofrem é de um sufocamento progressivo, asfixia, morte lenta. Esperam estar do lado de fora para poder viver, se algum dia chegam a acordar. Anestesiados, eles se submetem à vontade dos professores, da administração, mais desesperados talvez do que aqueles que se revoltam.

Curso de geografia

Uma turma que não pára quieta.

Este dia eu os faço copiar uma página do livro didático. Ninguém recusa.

Tranqüilidade. Não se faz nada mais do que uma cópia.

Esta violência, mesmo que se fale pouco dela, que ela seja menos visível, é também muito perniciosa.

Face a estes alunos, quer sejam dilacerados por sua própria violência, destruidores e revoltados ou submetidos até a inexistência, professores e educadores se sentem desorientados. O que fazer para evitar o reforço destas atitudes? A não intervenção pode ter conseqüências catastróficas. O clima geral se deteriora muito rápido se ninguém faz nada, se nada é seguro. A ausência de sinalizações, de estruturas, de lei, é o caminho da loucura.

É certo que alguns tipos de violência sempre existiram, que outros são novos, que o medo da autoridade evoluiu. Mas para nós a urgência se situa nas respostas que temos de dar, de nosso lugar de adultos, às violências cotidianas.

CAPÍTULO DOIS
CENÁRIOS DE VIOLÊNCIA

Ao leitor que achar que este punhado de histórias dão uma idéia exagerada e fragmentada da violência cotidiana, apresentamos aqui dois casos. O cenário já estando pronto, nos aproximaremos um pouco mais precisamente dos atores.

• *O primeiro* se passa numa aula de história e geografia num subúrbio parisiense: entramos na sala com Karim. Através dele, os fatos apresentados, cuja relação precedente dá uma idéia bruta, encontram uma lógica à qual a professora que conta dificilmente escapa...

• *O segundo* tem como quadro uma associação de prevenção. Estes jovens conhecem a violência suburbana. Rejeitados pela escola, sem formação, sem trabalho, eles arrastam sua amargura. O que fazer? Educadores conseguem interessá-los num projeto. Mas a partida ainda não está ganha.

1. História de louco(s)

— Professora, fessora, tem aluno novo. Os alunos da 6ª se empurram na porta da sala para me anunciar a novidade. Estamos no meio de outubro.
— E ele é completamente maluco, diz Jean-René, girando seu dedo indicador junto da têmpora.

— A senhora vai ver, reforçam Mário, Felipe, Samir e outros garotos (as meninas serão menos senvíveis a este ar de loucura?). O gesto acompanha a palavra.

O "louco" é literalmente propulsionado para dentro da sala e pára diante de minha mesa.

Espero que o barulho acalme. Pergunto seu nome. Não compreendo. Faço com que ele repita. Continuo não entendendo: ele engole as palavras, a cabeça baixa; aperta contra o corpo um caderno em péssimo estado. Eu peço que escreva seu nome sobre uma folha que lhe dou e o mando sentar.

— Onde é que eu sento?

— Onde você quiser, lá, por exemplo (um lugar está vago bem defronte), mas há outros lugares ao fundo. Ele se senta perto da minha mesa.

O barulho aumentou. Tenho pressa em acabar logo com isso.

— Ao colega de vocês desejo que seja bem-vindo à classe. Sua chegada tardia não o impede de acompanhar a turma. De agora em diante essa turma tem 24 alunos. — Em seguida, na folha de chamada descubro seu nome: Karim A.

— Desde quando você está no C.E.S.?

Os outros se apressam a responder.

— Desde ontem de manhã.

— E ele não pára de fazer besteira, acrescenta Mário.

Eu chamo a atenção para o fato de que só ele se chama Karim dentro da sala e que gostaria de ouvi-lo.

— A sua família se mudou?

— Não, de jeito nenhum (careta e dar de ombros). Eu estava na Picasso (C.E.S. experimental a 500 m do nosso). Eles não quiseram mais saber de mim (deboche na classe).

Paro com as perguntas. Estou tornando a situação mais grave. Eu lhe dou o manual e peço que ele escreva provisoriamente na folha de papel que lhe dei. Peço também que fique um pouco depois da aula para que eu lhe explique como trabalhamos. Escolho entre os voluntários (e os detratores são os primeiros voluntários) dois garotos para me ajudarem a lhe mostrar nossos instrumentos de trabalho. Frank[1], porque me parece o mais virulento, Luc, porque é "bom" aluno.

No final da demonstração os dois alunos estão lá, mas Karim não.

Hesito um instante antes de mandar procurá-lo: os alunos têm uma meia-hora de permanência depois do meu curso. Mas ele não será encontrado.

---

1. Frank, aquele que se esconde debaixo da mesa: o "maluco" da turma antes da chegada de Karim.

No final da manhã eu o encontro num corredor. Como explicação ele me diz: — Não estou nem aí.

Nas aulas seguintes ele chega com um sorriso nos lábios, munido do seu único (e eterno) caderno. Amassado de todos os lados, rasgado em alguns pedaços.
— Seu livro?
— Está em casa... Pra que me serve? ou ainda: — O que que você tem com isso?
— O fichário?
— Minha mãe não tem dinheiro pra isso.
— Um dever?
— Por que você acredita que eu vou fazer o dever?
Não há nenhuma maneira de apanhá-lo. Ele me escapa por entre os dedos.
Sugiro que se deixe ajudar por alguém que ele escolheria na turma.
— E pra que? Eu sei me virar sozinho!
O caso está então decidido. Que ele se vire mesmo. Paro com a minha tarefa de "normalização" sob o pretexto de acolhê-lo e colocá-lo a par das coisas.

Durante algum tempo não o ouvimos mais. Ele "emigrou" para o fundo da sala. Brinca com lápis e borracha, rasga o papel, amassa o papel. Às vezes nos chega um certo "vrum", "vrum".

Ele se cerca de uma muralha feita de livros abertos verticalmente diante dele, apanhados num móvel perto de onde está sentado.

Aproximando-me pergunto "contra quem ou contra o que ele está se protegendo com essas barricadas". Nenhuma resposta. Sorriso.

No mesmo momento os alunos percebem o que se passa e zombam dele ferozmente.
— Ele pensa que está numa fortaleza.
Karim se esconde atrás da sua muralha.
Ele também tem o seu "buraco judeu"[2].
Mas as coisas se deterioram. Ele se torna invasor por suas intervenções intempestivas sem relação (aparente) com o que está acontecendo na sala.
— Esta é a melhor de todas. Como eles são imbecis! — grita ele rolando de rir com a leitura do seu livro aberto nas últimas páginas. Os outros se esforçam para seguir a Terra em sua volta em torno do Sol: eu desenho no quadro.

---

2. *La vie devant soi*, Emile Ajar.

— Minha mãe vai brigar comigo. — E ele se irrita, incomoda seus vizinhos, pedindo cola e fita adesiva para colar os pedaços rasgados de uma folha do seu caderno. Os outros fazem um mapa.

Ele leva sua vida paralela, hostil a toda e qualquer atividade escolar. Um dia, eu digo que já que a história e a geografia não lhe interessam, e este é um direito que ele tem, pode ficar lá fora. Pelo menos vai ficar mais tranqüilo.

— Mas como você é imbecil! Eu vou me matar.

Fora de mim, eu respondo que corro esse risco, mas que nesse momento eu o coloco porta afora, e que ele só pode voltar se estiver disposto a me falar num outro tom.

Durante um longo instante, ele se recusa a deixar a sala. Os outros alunos acabam convencendo Karim.

— Deixa de ser bobo, ela vai procurar o diretor...[3]

— Você vai acabar sendo expulso...

Ele não voltou esse dia, enquanto que pelo regulamento deveria me trazer um atestado da sua passagem pela secretaria.

Uma outra vez, a mesma cena. Ele não fez o seu trabalho (a sexta vez consecutiva), zeros ou punições não surtem o menor efeito. Imediatamente eu o mando fazer seu trabalho na sala do diretor (último recurso!). Ele parte batendo a porta.[4]

Eu o chamo para que ao menos apanhe seu livro. Ele grita no corredor: — Já estou cheio de ficar recebendo ordens. Os pais, os professores. Tudo um bando de idiotas. Já estou de saco cheio.

Eu lhe digo, da maneira mais calma possível, que ele pode gritar o que quiser lá fora, mas não aqui e que o seu livro só poderá ajudá-lo na entrevista com o diretor.

Ele volta, pára a dois metros, os punhos cerrados.

— A tua visão melhorou muito desde o outro dia.[5]

Mostro os exercícios que deve fazer. Ele sorri, um pouco sem graça se aproxima, mas com as mãos na altura do rosto.

— Eu só quero falar com você, não vou te bater.

Ele relaxa, escuta, apanha o livro. Depois se afasta correndo e já do final do corredor atira o livro que vem aterrisar a alguns centímetros da porta da sala. Eu mando um aluno, com o livro, prevenir o diretor da sua chegada.

---

3. Coisa que jamais fiz, nem disse, mais que é prática normal no C.E.S.

4. Escuto Bernard dizer: "Ele vai arrancar tua pele". Karim já tinha passado a manhã com o orientador.

5. Karim precisa usar óculos: é míope. Mas nunca está com seus óculos. "Isso é pros malucos. Não gosto de me fantasiar." Um dia, ele fez a maior encenação a 20 cm do quadro-negro "para conseguir ver alguma coisa".

Meia-hora mais tarde ele volta:
— Acabei.
Na folha eu leio as respostas: "Sim, não, não sei". Pergunto o que acha do seu trabalho. Ele dá de ombros. Digo que irei encontrá-lo na sala do diretor na hora da saída e que ele terá muito tempo para refazer o trabalho.

Ele parte dando gritos estridentes. Quando saio para ver o que está fazendo, encontro-o montado sobre a grande janela aberta (estamos no 2º andar). Fico paralisada de medo.
— Do que é que você está brincando?
— De Tarzan, não está vendo?
Ele sai da janela e foge correndo pela escada.

Outra cena: o começo da aula é completamente perturbado por suas reclamações cada vez mais altas.
— Não tenho lápis...
— Já disse que não tenho lápis...
— Ela não está nem aí e eu também não...

Os outros alunos se divertem e o provocam ainda mais. Sem uma palavra, empresto minha caneta. Ele começa a escrever. Alguns minutos mais tarde rabisca e desenha sobre a mesa e sobre o livro. Sempre sem dizer nada, tomo de volta a caneta e o livro. Veemente protesto. Nenhuma reação da minha parte. O resto do tempo, com o ar emburrado, ele faz dobraduras com seu caderno. No final eu peço seu caderno de textos para escrever aos seus pais. Ele não tem esse caderno.

Apanho então o seu caderno comum. Não encontro nenhuma página limpa. Escrevo então sobre a última página, pegando o caderno ao contrário para não arrancar completamente a capa. Karim está furioso, completamente fora de si. Ele berra:
— Como você é nojenta. O que que a minha mãe vai dizer? Você não pode escrever nesse caderno!

Folheio o caderno.
— Não é nesse caderno que eu deveria escrever, mas tenho certeza de que sua mãe vai entender. Quero que ela assine embaixo.

Eu jamais veria essa assinatura. A folha com o meu bilhete desapareceu do caderno. A colega do EMT, principal professora da classe, me contou que durante uma de suas aulas Karim não parava de amassar um envelope que parecia ser destinado a mim. Jamais recebi este envelope.

Decidi convocar os pais pelo correio.
— Você acha que eu estou me incomodando? Sou eu que recebo o correio na minha casa.

Não consegui ver seus pais.

Em compensação, um pouco mais tarde, culpada por meus métodos terroristas, tentei o carinho. Ele me ofereceu, sobre um minúsculo pedaço de papel, o telefone da sua mãe. E soube imediatamente que ele era o mais velho de sete irmãos, que sua mãe tinha coisas mais importantes a fazer do que se ocupar da "sua escola", que seu pai chegava todos os dias do trabalho depois das oito horas da noite completamente morto.

— Mas pelo telefone você talvez consiga falar com ela.

Espero até o primeiro conselho de classe, na semana seguinte, para saber o que fazer.

2. Golpes de canivete no contrato

A primeira vez que ouvi falar de Luc, foi por Alain, educador no A.S.P. (Associação Especializada em Prevenção). Ele me explicava que durante uma reunião entre um grupo de adolescentes e seus educadores, Luc apanhou uma espátula de vidraceiro e se jogou em cima de um educador com a intenção manifesta de esfaqueá-lo...

Alain me convidava para participar do que ele chamava de "projeto garagem": eu deveria, caso aceitasse, assegurar a "manutenção do nível escolar" *(sic)* de um pequeno grupo de adolescentes que acabavam de assinar com a A.S.P. um contrato.

É então com jovens que deram um passo à frente na recusa, um passo na direção de uma violência direta, que esta aventura acontece. Eles não têm apenas dificuldades com a escola: eles deixaram a escola. E eu, professor num colégio que conta com oito divisões de C.P.P.N.[6], logo uma proporção inacreditável de fracasso escolar, me sinto fortemente responsável por seu destino. Aceito então a proposta de Alain.

Alain, educador, e seus cúmplices da A.S.P. conseguiram interessar um pequeno grupo de adolescentes num projeto. Luc, Alex e Cristophe assinaram um texto que lhes dá direito a um trabalho remunerado (lavagem de carros para uma grande garagem) se participarem do conjunto do projeto. Eles devem se formar em mecânica (Alain é educador técnico) e passar um dia pelo exame C.A.P. , mas dado seu nível atual, eles precisam de um ensino geral, sobretudo em matemática e francês. A A.S.P. acaba de criar uma S.A.R.L. , na qual uma oficina de prestação de serviços já permite às mulheres do quarteirão fundar sua própria empresa de limpeza. A insta-

---

6. C.P.P.N.: classes práticas profissionais de nível

talação de uma garagem rentável é o segundo ramo desta oficina. Tudo isto faz parte de uma estratégia de conjunto, de uma reflexão sobre a prevenção especializada, na qual eu não entro. Meu lugar neste projeto é simplesmente o de um interventor. Meu papel se limita a uma colaboração no que os companheiros de projeto chamam *a colocação dos adolescentes em nível escolar*.

• *Partida*.

"Às quartas e sextas, trabalharemos juntos de 14 h. 15 às 16 h 15 na colocação em nível escolar de Luc, Alex e Christophe, na sala designada para isso. Gilbert foi contratado pela A.S.P. para este trabalho. Ele é o responsável por esta lei fundamental".

Eles descobriram este texto pregado na parede de nossa sala no dia 23 de janeiro. É a segunda vez que nos vemos. Por ocasião do primeiro contato, dois dias antes, eu não havia trazido nada. Havíamos falado, cada um se situando em relação às quatro horas semanais que deveríamos passar juntos. Ao meu pedido de um texto onde cada um escreveria o que quisesse, "para que eu possa ver como vocês escrevem", eles responderam pedindo um ditado. Depois de pensar um pouco, dito um pequeno texto livre que invento na hora. Eles contam os erros de ortografia, mas se recusam a corrigi-los.

Meus objetivos — elaborados de comum acordo com Alain — me parecem neste dia muito difíceis de serem atingidos. Como levá-los a abolir seu passado escolar negativo, fazer com que atinjam um nível voluntário de aprendizado e de trabalho intelectual, se depois de me dizerem alguns minutos antes que queriam aprender ortografia, eles se recusam a corrigir suas faltas?! Me parece que o primeiro objeto de conflito está aqui: o trabalho. Se sou eu quem pede para eles corrigirem seus erros, eles recusam... Trago então fichas autocorretivas. Isto pode me ajudar a escapar do papel do professor tradicional. É neste papel que eles querem fazer com que eu entre, me pedindo explicações só para terem o prazer de não ouvi-las. Evito reagir logo de cara às múltiplas provocações, mas interrompo o trabalho um quarto de hora antes do final para fazer uma avaliação da sessão.

Durante o primeiro destes balanços, falam todos ao mesmo tempo, na maior confusão, sem respeitar o que haviam estabelecido entre si. Proponho então que um tempo de "conversa" seja previsto (dez minutos) no começo de cada sessão de trabalho.

Durante estas duas horas anotei críticas e reações em relação ao que se passava. Li para eles o que havia anotado e acrescentei que no futuro cada um poderia pregar suas críticas e propostas no quadro em frente ao balanço. Laboriosamente três decisões foram tomadas este dia e pregadas no quadro:

"— *Gilbert corrigirá os cadernos uma vez por semana.*
— *Colocaremos as fichas em ordem depois do uso.*
— *Depois do bate-papo cada um preencherá seu plano de trabalho e o executará.*"

Devo dizer que este primeiro "bate-papo livre" era sobre a visita de Alex a uma grande loja. Alex, 15 anos, garoto bonito, olhos de veludo, sorriso sedutor, escapou do colégio com a cumplicidade de sua mãe que lhe forneceu os álibis. Como Luc, ele vai freqüentemente ao "Nougas", grande loja de luxo, cuja disposição das mercadorias torna mais fácil o furto. Neste dia ele acha que provocou o disparo do sinal de alarme... Não acredito que as coisas tenham se passado da maneira como ele conta, porque embora não seja impossível — acho que está sendo contado mais para testar a minha reação. Não faço nenhum comentário.

No dia 28 de janeiro começo perguntando o que é que mais lhes interessa, o que desejam fazer, o que consideram como seus pontos fracos e onde pararam do ponto de vista escolar.

— Alex diz que quer estudar matemática "mas não moderna", gramática, conjugação, e que adora redação. Ele se considera fraco em matemática e fala da divisão. Ele deixou a C.P.P.N. este ano.

— Luc enumera todas as matérias: quer fazer tudo. Se diz fraco em tudo, mas particularmente em ortografia e em problemas. Não vai mais ao colégio faz dois anos e meio. Ausente crônico, fala do seu desgosto por esta turma de C.P.P.N. na qual não encontra seu lugar, entra sem cessar em conflito com os professores, só consegue se distinguir como dissidente.

— Cristophe fez bravamente seus dois anos de C.P.P.N. Quer estudar o que se é "obrigado a saber", principalmente em matemática e francês. Ele se considera fraco em frações, cálculo das horas, das distâncias.

• *Dá pra ver que você é professor.*

Neste dia, por ocasião do balanço, eles se declaram satisfeitos com seu trabalho. É verdade que cada um fez vários exercícios e não perderam tanto tempo quanto nas vezes precedentes. Digo isso a eles, mas lembro também que as correções do ditado do primeiro dia não foram feitas. "Ah, dá pra ver que você é professor!" Para eles, o ditado se limita a "escrever enquanto se dita". Eu me repreendo por ter, neste dia, respondido de maneira a corresponder a esta imagem, e me vem à memória o adágio: "Necessidade satisfeita, desejo perdido". Não cometi igualmente o erro de colocá-los na posição de pessoas sendo "testadas", pedindo que escrevessem desta maneira? Dito de outra forma, a sua recusa obstinada marcaria o corte nítido que eles pensam manter entre o que se passa aqui e o que viveram na escola... Entretanto, em relação a isto eles são de uma ambivalência permanente, provocando-me com freqüência, repreendendo-me por não "obrigá-los" a trabalhar suficientemente. Neste dia anoto na minha agenda que estou confuso com a maneira deles de passarem da água para o vinho, de toda hora se levantarem para escrever o nome na ficha durante o balanço, de quererem partir a qualquer preço antes da hora... E, justo neste dia, esqueci meu relógio!

O horário é precisamente o segundo tema de conflito depois do trabalho. Uma ambigüidade sobre a hora do final da sessão aparece desde a quarta vez que nos reunimos: 16 horas e 15 m para mim, enquanto que uma reunião estava prevista com eles e os educadores para as 16 h. Converso com Alain e chegamos a um acordo, modificando a hora do final do nosso trabalho. Mas, apesar de não termos acrescentado o quarto de hora retirado do final da sessão, eles sempre acham que o encontro está longo demais e me solicitam regularmente: "— Vai, deixa a gente ir embora!" ou então: "Eu tenho de sair às 15 para as 4: vão vir me buscar de carro..." Além disso, os atrasos sistemáticos no começo da sessão começam a se multiplicar.

Provocação, recusa, contestação, inércia, falta à palavra dada, decisões não respeitadas... O panorama ainda poderia piorar. Desta maneira se manifestam aqui alguns fragmentos deste círculo vicioso dentro do qual os meninos são fechados durante anos: carências afetivas e causas sócio-econômicas ou culturais certamente aí se misturam, para desembocar nestas atitudes. A dificuldade mais fácil de ser localizada é uma incapacidade de *diferenciar* a satisfação. Se introduzo aqui estas considerações, é que elas estão em relação direta com a estratégia que desenvolvo durante este trabalho e que começa a aparecer no começo do meu relato: estruturar *o tempo* de cada sessão, anotar claramente na frente de todos as regras e as decisões, introduzir *mediações* sob a forma de fichas, documentos, livros... evitar também de me deixar prender numa relação de poder.

- *Trabalhar? Nós?*

No dia 6 de fevereiro, o *bate-papo* recai sobre os temas da ameaça, dos cachorros, dos encontros que não aconteceram... Sinto então uma ameaça pesar sobre o objeto do grupo... (trabalhar), a partir do momento em que os cadernos aparecem: Cristophe e Alex têm muita dificuldade em preencher seu plano de trabalho. Falam sem parar de outras coisas (as garotas, a mobilete de Alex, o "Parck", que é uma sala de jogos eletrônicos aonde eles gastam a maior parte do dinheiro que ganham...). Cristophe não faz nada. Será porque eu o encontrei antes da sessão numa loja e ficamos passeando juntos, enquanto esperávamos abrir nosso local de trabalho? Alex também não faz praticamente nada. Somente Luc trabalha. Este dia, na hora do balanço diário, nenhuma decisão foi tomada. Quando falo sobre a falta de trabalho, Cristophe responde que não dormiu na noite anterior.

As sessões que se seguiram são marcadas para mim pelo signo da decisão não respeitada. No dia 11, atendendo a um pedido deles, decidimos por um trabalho sobre temas abordados a partir de livros que eu deveria trazer. No dia 13 decidimos que "aquele que não fizer nada e perder seu tempo vai ao quadro fazer um ditado de três linhas e vai ficar um quarto de hora a mais se fizer mais de três erros". Apesar dos livros que escolhi e trouxe, apesar de toda hora eu lembrá-los a propósito do trabalho, estas decisões não surtiram nenhum efeito. Como tratar esta falta de respeito à palavra dada? Quero ao mesmo tempo evitar o descompromisso e a espiral repressiva (de cujos meios aliás não tenho)... e intercalar no contrato um papel intermediário que assegure sua manutenção, atenuando a rigidez...

É dentro deste espírito que no dia 27 de fevereiro introduzo um jogo de encenação no começo da sessão. Eles escolhem o tema do tribunal. De fato, o trabalho que se segue me satisfaz mais do que nos encontros anteriores.

- *Conflitos.*

Março: curiosamente, o mês que leva este nome guerreiro me encontra em *violento conflito* com eles. É guerra declarada contra Alex, no dia em que, durante o nosso balanço, ele me diz que quer deixar a reunião às 16 h em ponto, logo quando tinha chegado atrasado e já tínhamos todos decidido que a reunião iria até às 16 h 15 m. Disse com muita firmeza: "Você só vai embora quando tivermos terminado". E, de fato, ele espera o presidente da sessão anunciar "a reunião está terminada", para se levantar. Luc, que desenhava durante toda a sessão, me censurará por este excesso de autoridade. Crítico Luc por ter desenhado sem se preocupar com seu plano de trabalho. Minha critica desemboca numa decisão que considero completamente idiota, mas que não me senti com o direito de bloquear com um veto: "É proibido desenhar". Minha posição pouco clara em relação a esta regra se revela, aliás, algumas semanas mais tarde: atendendo a um pedido deles, passarei um longo tempo desenhando um dragão para Luc e um para Cristophe. Só depois é que a proibição de desenhar me virá à memória. Durante este período, os temas das conversas seriam estes: os homossexuais, os perfumes, as simpatias, o sexo, as mulheres...

Minha ausência, prevista e anunciada (tenho outras obrigações) numa quarta-feira no final de março, lhes fornece o pretexto de me acusar de não levar a sério o planejamento. Por causa disso pergunto a Alain se não existe uma correlação entre as dificuldades que encontro com eles e o desenrolar do conjunto de suas atividades (um encontro entre Alain e eu, inicialmente previsto para depois de cada sessão da sexta-feira, só raramente se realizaria. Fosse por causa de reuniões marcadas para a esta hora, ou por causa do meu "cansaço" depois de duas horas passadas com os adolescentes). Ele reconhece que o planejamento é um risco muito grande e cheio de conflitos entre os três jovens e A.S.P. A lavagem dos carros se torna laboriosa e há um contrato que precisa ser respeitado.

- *Ausências.*

Com os conflitos de março começa igualmente a série de *ausências* que só aumentará com o correr do tempo. Um projeto de teatro, nascido da imprssão positiva depois dos jogos de papéis do dia 27 de fevereiro, é adotado, depois abandonado... A utilização de um jogo de cubos que eu considerava pedagógico é freqüentemente anárquico. Uma ausência de cinco minutos e meu cachimbo e meu isqueiro desaparecem. O isqueiro reaparece miraculosamente numa divisão da minha mochila. Mas o cachimbo jamais voltarei a ver.

As ausências repetidas de Alex me levam a propor — já que ele havia mandado um atestado médico — que escrevêssemos uma carta para ter notícias suas, e também para dizer que nos faz falta. A reação dos outros me traz brutalmente de volta à terra: "Ah, essa é boa! Pra ele rir da gente? Está na cara que você não entende nada!" Eu havia esquecido que uma atenção como essa é interpretada pelo bando como sinal de fraqueza. Eu esperava igualmente que eles tivessem evoluído suficientemente para poder se comunicar desta maneira.

No dia 25 de março devo enfrentar a visita intempestiva de duas garotas, uma delas irmã de Alex. Elas vieram simplesmente trazer uma carta, mas não querem ir embora... Depois de algum tempo, minha paciência acabou, e como elas estavam impedindo o trabalho, tive de colocá-las para fora quase à força. Foi neste dia que me propuseram uma visita à catedral para a vez seguinte. Coloco minhas condições em relação direta com o que considero como meu contrato: um relatório será redigido depois por cada um, nenhuma desordem nem "sacanagens" durante a visita. Eles estão de acordo. *A decisão é inscrita*, e foi assim que no dia 27 tive de andar correndo atrás deles nos subterrâneos da catedral, para não ficar para trás. Eles não olham nada, não escutam nada, têm um ar de estar debochando de tudo. Na saída me convidam para beber alguma coisa. Eu aceito. Mas, de volta à nossa sala eles não querem fazer o relatório... preferem fazer fichas de ortografia.

Esta semana, com toda razão, anotei a impressão de *debandada*: as ausências, os atrasos, a pouca capacidade de trabalho anunciam o fim. Em abril Alex não aparece mais, depois é a vez de Luc. Depois de algumas sessões com Cristophe sozinho, decidimos, em comum acordo com a A.S.P., parar com a experiência.

- *Reprises*.

Esta sucessão de decepções me deixa ao mesmo tempo frustrada e descontente. Como tive a precaução de anotar diariamente os acontecimentos e minhas impressões, faz-se uma reprise em *vários níveis*. Com o grupo de interventores que a A.S.P. contratou para este projeto, tentamos analisar o que pode ter acontecido. O grupo de pedagogia institucional a quem levo meu texto, me ajuda a enxergar as coisas com mais clareza.

> *"...Uma prevenção da violência, não importa em que domínio, passa necessariamente por um aprendizado decepcionante. A separação entre as pessoas deve ser garantida, não por palavras ou teorias, mas por instituições que estabeleçam a ordem da palavra."*
> Jean le Du

Esta citação de um artigo da revista *Approches* (n? 31), parece exprimir a posição que guiou a minha ação.

Aceitei participar desta aventura com a esperança de ajudar alguns jovens, cuja sorte eu via traçada por julgamentos inapeláveis que a escola pronunciara contra eles, declarando-os "incapazes" e "indesejáveis". Freqüentemente rejeitados por sua própria família, eles vão de fracasso em fracasso arrastando seu ódio e amargura. O empreendimento do projeto "garagem" me parece, com o distanciamento, bem ambicioso: dar-lhes o meio de aprender a dominar e a utilizar um instrumento de trabalho em relação direta com uma de suas motivações. Muitos dentre eles já estão mais ou menos nas redes de revenda de carros roubados. Trata-se de conversar o que pode ser socialmente aceitável, deixando bem clara a posição em relação ao roubo (ficara estabelecido que qualquer infração à lei durante a experiência acarretaria a exclusão: um dos jovens foi interpelado pela polícia por um furto e foi substituído antes de minha chegada).

A arte de desmontar e consertar motores, de manipular veículos, mas também o dinheiro — cada etapa deste empreendimento lhes permite adquirir pouco a pouco *o domínio de uma ferramenta:* ferramenta material no começo, ferramenta de trabalho, objeto social em seguida.

Este domínio progressivo da ferramenta passa também pela aceitação de *diferenciar sua satisfação* pelo uso de códigos, como o significado e o respeito a um contrato, por exemplo. Trata-se também da palavra. Quantas vezes não escutamos, da parte dos professores em relação a estes jovens, as reflexões do gênero: "Não se pode contar com ele", "Ele não tem palavra"? Infelizmente, é verdade.

Em todo caso, é isso que se constata em Luc e Alex. Devemos tirar a conclusão de que não há muita coisa a ser feita e que para tal projeto deveriam ser escolhidos jovens menos "estragados", como disse o diretor da A.S.P.? Não acredito. Muitos caminhos hoje em dia me parecem viáveis. Devemos tentar tomar estes caminhos verdadeiros, tal como fazem os atores quando entram em cena.

- *Caminhos.*

Estes garotos agem de uma maneira tal que, olhando-se de fora, tudo parece um "capricho". E, particularmente, reagem contra tudo o que pode constituir um entrave à sua satisfação imediata. Mesmo correndo riscos bem maiores do que o benefício que buscam justificaria. Face ao seu professor e ao colégio, Luc só tinha duas possibilidades: se integrar (à norma) ou partir. Como não dava para se integrar, houve a rejeição. O trabalho dos educadores e o meu consistiu em *substituir a norma por marcas indicativas.* Em vez desta situação de fracasso em que ele se sentia completamente mergulhado na sala de aula, e cuja saída para ele era a antinorma ou a fuga, em vez deste jogo cruel de tudo ou nada, colocou-se em seu lugar uma rede mais complexa: a garagem, o grupo de adolescentes, o educador técnico, o contrato com a firma automobilística para a lavagem dos carros, os cursos de mecânica, o diretor da A.S.P. e o interventor "escolar".

Tornar as estruturas mais complexas significa substituir *a queda ou a subida abrupta por uma escala.* O acesso à palavra, tanto como troca quanto engajamento, é fragmentado. As faltas não são obrigatoriamente acumulativas. Se o trabalho não é feito em algum dos diversos locais, a conseqüência pode variar da simples crítica de um colega durante a reunião à privação de uma parte da remuneração, passando por todas as maneiras de sanção cuja forma pode ser decidida em comum.

- *Fracasso ou esperança?*

A interrupção do desenvolvimento deste projeto me deixou deprimido por muito tempo. Necessitei de tempo e ajuda dos colegas da E.P.I. (Equipe de Pedagogia Institucional) para me livrar do sentimento de fracasso total que senti depois desta aventura.

Primeiro, pude medir a importância dos fatores que eu não dominava inteiramente. Em particular a intervenção tardia de um segundo interventor no projeto. Ele teve de entrar no projeto com uma grande responsabilidade. As famosas marcas indicativas que tentávamos colocar em funcionamento ficaram certamente perturbadas. Sob este aspecto, penso que o fio do qual eu estava encarregado nesta rede não era suficientemente ligado aos outros. De fato, é dentro de um tal sistema que as faltas podem ser compensadas, que — através de pequenas etapas — estes jovens poderiam encontrar os suportes que lhes faltam em relação ao tempo, aos lugares, ao outro, à lei, etc.

Mas a falta de respeito a alguns aspectos do contrato, na minha opinião, não é suficiente para pôr fim a este gênero de ação: pede-se a um diabético para suportar o açúcar? Não: damos-lhe insulina.

Apesar de tudo, durante vários meses estes jovens — que se recusaram totalmente a uma vida escolar — efetuaram um verdadeiro trabalho intelectual. Eles que falam muito mal do trabalho, com um total desprezo, conseguiram realizar, apesar de tudo, um trabalho lucrativo, ainda aprenderam os rudimentos de uma profissão. Isso não é uma coisa que se possa negligenciar.

SEGUNDA PARTE

CONTRA AS PAREDES, A PALAVRA

A monografia *"Contra as paredes, a palavra"* mostra como trabalhamos em equipe no seio do Coletivo de Pedagogia Institucional para encontrar respostas para a violência. Porque é da maior importância não ficar isolado. Falar do seu trabalho num colégio é quase um tema tabu. É muito elegante exibir um ar de turista que a miséria dos aborígines não atinge. Vive-se a sua verdadeira vida do lado de fora, depois dos cursos.

Entretanto, somos um certo número de pessoas que nos obstinamos e consideramos que alguma coisa é possível desde já. Mesmo confrontados com a divisão dos tempos, dos lugares e das disciplinas — o que constitui um obstáculo de vulto na estruturação da classe — pensamos que existem meios de *"resistir e viver"* no colégio.

Tentativas da Pedagogia Institucional no colégio já foram descritas em diferentes publicações[1]. Apresentamos aqui uma nova tentativa numa classe particularmente violenta.

O grupo que fez a monografia sobre esta classe de quinta série, em Seine-Saint-Denis, se reuniu durante dois anos, mais ou menos uma vez por mês. Cada reunião começa com cada um podendo falar de sua vida profissional. Depois um tempo bastante longo é consagrado à 5.ª série. Marguerite fala sobre a classe com documentos de apoio. A reunião termina com um tempo dedicado a um depoimento escrito. A equipe é composta de um professor de filosofia da escola normal, de uma professora do maternal, de dois professores de francês e de um professor de matemática. Os textos foram elaborados durante o segundo ano por três pessoas que acompanharam todo o trabalho e cujas vozes às vezes se misturam, às vezes se separam. Mesmo os textos na primeira pessoa são frutos do trabalho coletivo.

---

1. Maintenant la Pédagogie Institutionnelle, Hachette 1979. *Cahiers Pédagogiques* n.º 185.

CAPÍTULO TRÊS
VIOLÊNCIAS

> *Para romper os jogos de sustentação ilimitada, exijo que ele me trate como pessoa, que demonstre consideração por mim! Perfeitamente! Consideração! Assim como eu demonstrarei consideração por sua pessoa.*
>
> L. Bocquenet [2]

1. Retorno 1981

• *A falta de desejo dos alunos de estarem ali,*
minha falta de vontade de retomar um novo ano, três novas histórias (tenho três turmas) enquanto que as três precedentes nem foram terminadas. Começo o ano sem projeto, sem desejos, e isto se torna imediatamente catastrófico. Porque, face à rejeição violenta que os alunos manifestam em relação à escola, não tenho nada em que me segurar, só sinto uma vontade permanente de fugir. Todas as manhãs me levanto com a recusa de ir ao colégio, e cada dia começa com uma contagem regressiva: faltam tantas horas para terminar...

• *Insuportável.*
Cada hora na 5ª 3 é uma prova de força. Três vedetes falam alto, se levantam, se lamentam, fazem rir, roubam as coisas dos outros, nunca têm nenhum material para trabalhar, e dizem bem alto que não vão fazer nada. A classe está sempre pronta para ir atrás, tirando alguns alunos mais ou menos passivos que gostariam de dizer que estão dispostos a ouvir o professor.

---
2. *Cahiers Pédagogiques* n? 191, "Du contrat thérapeutique au contrat pédagogique".

Cada hora de 5ª 3, eu tenho minutos para ganhar, senão é a loucura que leva tudo. Fragmentação, explosão sempre por um triz, tumulto de aluviões, *icebergs* que se chocam. Estou permanentemente desconcertada. A classe escorrega, escapa. Nada está assinalado em sua escrita: nem começo nem fim de frase, nem nome próprio. Eles são sacudidos numa torrente de confusão e de violência. Círculo louco de adolescentes insuportáveis, que não têm onde se apoiar, mantidos no sistema escolar para nada.

• *Conter, fechar, delimitar.*

Passo meu tempo dizendo que nem tudo é possível em classe, que aqui não é o recreio, e que estamos aqui para trabalhar. Martin, que parece um bebê gordo e bochechudo, que sempre se faz de imbecil, está sempre testando até onde pode ir (cada vez mais longe). Eu o castigo, depois o mando embora. Então ele insulta a inspetora. Ele faz coleção de punições. Ausente por causa de uma delegação que foi à reitoria, fico sabendo no dia seguinte que dois colegas não conseguiram acalmar a turma e distribuíram mais punições, inutilmente.

Final de setembro, não suporto mais a excitação da turma durante os exercícios com o dicionário: vejo-me obrigando-os a copiar um texto, pela primeira vez na minha vida... Ufa! Silêncio. Mas fico me perguntando o que estou fazendo aí, no primeiro ciclo. Dois alunos, Martin e Flávio se recusam a copiar o texto, mas acabam fazendo, depois de n reclamações.

Na terça-feira seguinte, numa aula de leitura, Abdel, o revoltado, sempre a ponto de explodir, enraivecido, pede para ler. Flávio, que leva tudo para o deboche, nunca faz nada. E Martin, que não pode mais se manifestar barulhentamente, rasga a capa do seu livro, que pertence à CES. Debaixo da sua carteira, descubro no final da aula uma enorme quantidade de papéis: como não pode nos chatear, ele faz isso!

• *Primeiros textos.*

Em seguida a um texto de Buzzati, Martin imagina que o herói Bertan tenta escalar uma grade. Mas ela é muito alta e ele desiste. Abdel resume o texto com uma única frase: "Bertan estava infeliz depois da morte de Marion". Em sua história, em seguida, descobria que a mulher que ele havia encontrado seguia um outro homem. Ele lutava contra este homem, depois abandonava a luta dizendo que não gostava de brigar. Abdel ameaça todo mundo: "Você vai ver na hora da saída!" e ele parece efetivamente amendrotado. Flávio resumiu vagamente, não inventou nada como continuação.

A turma inventou sobretudo cenas de briga violenta em bares ou na rua. Dois alunos chegaram a inventar que a mulher era paga para consolar Bertan. As possibilidades são então muito restritas: o homem é o durão, a mulher é puta.

- *Selvagens?*

No dia 1º de outubro é Flávio que eu mando embora do curso. Ele fica ausente duas horas em vez de uma. Martin trabalha um pouco, depois brinca de falar chinês. Abdel e Jean-Claude se agridem a cada instante, se recusam a fazer a redação na aula. Tenho de fazer a maior força para conseguir as cadernetas de correspondência, por onde convoco os pais, depois tenho de brigar muito para conseguir suas assinaturas.

Na segunda-feira, na oficina, estou novamente desorientada. Contudo, eles são apenas doze, Entram no C.D.I. como um moinho, ignoram tudo e todos. Faz quinze dias que dou aulas práticas, e a violência das suas relações ainda me choca. Alguma coisa do tipo "piso em cima de você e te extermino para não ser pisado e exterminado por você". A selva.

Neste dia Flávio mata ostensivamente a aula e ainda vem provocar. Abre a porta aos gritos e foge galopando.

Enquanto uma menina, no exercício de leitura, apresenta um livro, Flávio declara bem alto:

"— Estou me lixando pra esse livro"... etc.

Como ele rompe a regra do silêncio que estabeleci durante as apresentações de livro, eu o faço trocar de lugar e o previno de que descerá comigo até o orientador educacional.

"— O Sr. Girard é muito gentil. Gosto muito dele..."

O resto do tempo Martin fica trocando bolinhas de papel com Abdel.

Sensação de estar em cima de um formigueiro. Muitos ainda não têm o material de trabalho. Basta um nada para que tudo degenere.

- *Esgotamento.*

Marcar os limites e garantir a lei, enfim admiti fazê-lo, e um bom número de confusões de dissiparam. Sei um pouco melhor onde posso me segurar. Não é o caso de fazer de conta de que nada está acontecendo, quando as regras para que nos mantenhamos juntos não estão sendo respeitadas. A turma trabalha agora numa relativa calma, mesmo que a atenção não possa ser mantida por mais de um quarto de hora. Eles só trabalham se eu recolher o trabalho e der nota. Flávio passa uma hora inteira a dobrar papéis: prepara munição para um outro curso. Na hora seguinte ele compara a grossura de dois dicionários, junta as folhas em pacotes, e se diverte em vê-las cair.

Martin gasta uma hora inteira arrumando vagamente o seu fichário. Abdel e Jean-Claude param assim que começam, dizendo que não entenderam nada.

- *No dia 12 de outubro fazemos um Conselho.*

Não posso continuar assim. No entanto, não tenho nenhuma vontade de aderir ao Conselho, porque isso representa um trabalho enorme. Vou ter de trabalhar se quiser instituir alguma coisa que funcione. Por exemplo, vou ter de reler "Qui c'est l'Conseil", saber que "palavras-chave" introduzir. Mas sou obrigada a fazer um Conselho, não vejo outra saída.

Surpresa: eles escutam. Nomeamos os responsáveis e planejamos uma produção comum, um jornal. Na vez da palavra,[3] ninguém se pronuncia. Constato, neste primeiro Conselho, que eles estão desprovidos da palavra, eles que falam sem começo nem fim. Instituo um caderno do Conselho, que deve ficar à disposição deles em cada aula, para escreverem o que quiserem em relação à aula e ao francês.

Outros textos

Abdel se vê num castelo assombrado. Um fantasma quer obrigá-lo a sair e lhe dá um prazo. Ele recusa, mas acaba cedendo e se torna uma vedete diante dos jornalistas. "Que pesadelo!", ele conclui. Martin encontra sua casa demolida e os pneus do carro furados. A polícia desconfia de um bandido célebre que destrói as casas. Mas este bandido tem um álibi sólido que lhe permite ficar em liberdade. E Martin reconstrói sua casa.

Podemos dizer que alguma coisa está mudando: Abdel acha o vedetismo e a exclusão um pesadelo e "quebram a sua casa" de Martin.

Dei um trabalho suplementar a Martin que, pela terceira vez, não fez o seu. Ele substitui o verbo "sair", que deveria conjugar, pelo verbo "responder". No dia seguinte, ainda é posto pra fora.

Os pais

A mãe de Flávio passa na escola uma manhã. Tudo vai muito bem em casa, diz ela. Mas nada vai bem na escola. Como isso é simples! Ela chama Flávio e acredito ouvir que ameaça matá-lo se as coisas continuarem assim. Não estou muito certa de suas palavras, meio francês, meio português. Devo levar estas palavras a sério? Fico tentada a acreditar nisso vendo Flávio se encolher e come-

---

3. Vez da palavra: o presidente convida cada um pelo nome, a tomar a palavra. Todos escutam sem nenhum comentário.

çar a chorar. Se eu pudesse bater nesta mãe mortífera!... Mas será que ela é mesmo mortal?... Quem poderia distinguir o medo infantil de ser morto do desejo assassino dos pais?! Procuro com Flávio uma atividade que lhe agrade para que ele retome o pé nas atividades escolares. Ele fala de futebol. Hostilidade da mãe: isso lhe daria prazer demais! Ela acaba me dizendo que em Portugal se bate no aluno até que ele aprenda. Depois de responder que Flávio tem o direito de viver e que os castigos corporais só tornam as crianças revoltadas, abandono a discussão. Ela não quer escutar, mas eu sei que Flávio escutou.

No dia seguinte vejo a mãe de Martin. Ela bem que gostaria de parar de comprar bombons para ele, mas é difícil... Martin preveniu a mãe que faria tudo para ser expulso do colégio. Não faz nada em casa, sua mãe faz tudo para ele e, se não for assim, ele se queixa de que ela prefere o irmãozinho de seis anos. Martin e sua merda: uma criança de dois anos. Ele quer que ela veja isso. Ela decide procurar uma assistente social.

- *Acidente?*

No dia em que sua mãe veio ao C.E.S., Flávio briga na aula de inglês com Jean-Claude, um negrinho silencioso, cheio de violência guardada. Assim que alguém toca em seu território ele explode: Flávio encostou em sua mochila. Na luta Jean-Claude fura sua mão com um lápis. A aula seguinte é minha: francês. A turma está em estado de choque. Nathalie chora, todos falam que têm medo, principalmente da histeria da professora. Alguns dias antes, afixei a seguinte frase na sala: *"A violência nasce da palavra emparedada"*.

Repito então que o Conselho é feito também para falar da violência, e que os golpes só geram mais golpes. Em seguida começamos a trabalhar. Jean-Claude volta no meio da aula e a reprovação ao que fez é unânime. Eu o ponho para trabalhar com duas meninas que tentam rejeitá-lo. No final da aula, parece que sua presença é novamente aceita.

Sua primeira redação me vem à cabeça: ele contava um filme policial no qual bandidos assaltavam um banco e matavam um homem que não queria entregar sua bolsa. Apanhados pela polícia, os bandidos deixam cair as armas e a bolsa.

- *Segundo Conselho.*

Flávio critica Frederico que não quer se defender. Hassiba hesita, depois critica Abdel que reage violentamente. Quer impedi-la de falar, ameaça bater nela na hora da saída. Ela mantém suas afirmações, sozinha contra a turma, que — diz ela — se amedronta e parece aprovar Abdel. Mas Abdel não é bobo, não se deixa enganar. Eu pergunto: "Proposta?". Duas regras são estabelecidas, aceitas por cada um, inscritas no quadro das decisões e no caderno do Conselho.

— Cada um é responsável por si:

Foi Laurent quem propôs essa regra e isto significa que não se pode mais sair fazendo qualquer coisa, significa que não se é mais bebê. Reação imediata: "Isso vai ser duro"! Alguns chegam a perguntar: "Isso vale o tempo todo ou é só pra aula de francês?".

— Cada um diz o que faz:

São muitos que se queixam de uma certa covardia. Alguns são punidos no lugar do verdadeiro culpado, que se esconde. Não havia observado um comportamento deste tipo e fico surpresa. A vantagem desta regra, para mim, é que eles vão dizer sem subterfúgios se trouxeram suas coisas, se estão fazendo o trabalho ou não, etc.

Antes do final do Conselho, durante o qual decidimos fazer um jornal, Abdel vem me pedir se pode ir até a enfermaria. Ele está com dor de cabeça! Isto é tão revelador que fico com vontade de rir. Hassiba, que ousou criticá-lo, não corre nenhum risco na hora da saída. Publicamente Abdel acaba de aprender que o seu troco não é aceitável. Vai ser preciso achar outra coisa.

• *Final de outubro: sinais antecipadores?*

A colega de inglês vem me encontrar: a 5.ª 3 lhe disse que as coisas estavam indo melhor em francês porque havia um Conselho e um caderno de Conselho! Ela vem se informar. Estamos na semana que precede as férias, e, no entanto, eles estão calmos. Flávio veio um dia me explicar uma ausência, sem ironia, quase de igual para igual. Abdel, a quem, eu dissera várias vezes que já que eu falava com ele corretamente, exigia que ele fizesse o mesmo comigo, me fala sem irritação. Eu nem acredito! Martin chegou mesmo a se inscrever para apresentar um livro. Mas, como não trabalhou, ele se enrola todo e se sai muito mal. Eu o mando de volta ao seu lugar para refazer o trabalho.

• *Um espaço de troca.*

Vamos poder falar? Simplesmente dizer e escutar. Inimaginável! Não estamos mais colados uns nos outros, não precisaremos mais nos chocar uns contra os outros. Fica criado um espaço entre nós. Um espaço de jogo, de troca. Se morremos por estarmos muito perto ou muito longe, a arte de viver é a arte de encontrar a distância certa.[4]

---

4. Cf. a história dos índios Mandans analisada por Lévi-Strauss e citada por C. Clément em *Vies et légendes de J. Lacan*.

Espaço a ser guardado.
Recolho alguns jogos poéticos:
— Por que a violência nasce da palavra emparedada?
Porque não podemos nos vingar de outra maneira (Abdel).
— Por que existe sol?
Porque temos um professor (Fréderic).
e a partir de um modelo de René Char "qu'il vive":

Em meu país

No meu país não se envelhece. As casas não são demolidas.
No meu país ignoramos o significado da palavra violência.
No meu país se é livre.
No meu país ninguém mata.
Todos os domingos são dias de festa.
No meu país todo mundo se trata por você.
NINGUÉM CHORA.
No meu país nunca existe guerra.
No meu país escutamos música à noite perto de um rio.
No meu país é sempre verão.
As frutas amadurecem ao sol.
No meu país ninguém se pinta.
Escutamos quando alguém fala.
No meu país fazemos reuniões.
No meu país os adultos respeitam as crianças.

• *Agüentar e resistir: depois do feriado de 1º de novembro.*

Alguma coisa decisiva aconteceu, isso eu posso garantir. Mas o final do ano me parece longe. Conseguirei agüentar? A classe começa a existir através do Conselho e do caderno de Conselho, onde só aparecerão os secretariados do Conselho. Apesar de a possibilidade ter sido oferecida, ninguém escreverá nada em seu próprio nome. Trata-se, então, de um lugar de inscrição coletiva, uma figura de coesão possível.

Durante este período, as tentativas de trabalho, a calma, os projetos, são roídos sem cessar por súbitas conflagrações. Impressão de dispersão, momentos de deboche, desafios ainda. Gostaria de não perder a paciência, não gritar, não me aborrecer! Mas as decisões do Conselho não são aplicadas. Uma hora de gramática foi anotada e, no dia previsto, ninguém trouxe o livro: impossível fazer gramática. Na oficina[5] alguns grupos se formam e se desfazem. Poucos se fixam num trabalho. As cartas para os correspondentes se perdem. Temo que minhas exigências os desencoragem. Se eu os faço refazer um trabalho que eles já tiveram muita dificuldade em fazer, será que não irão abandoná-lo? O circo propriamente dito está circunscrito, e, fato novo, alguns olhares de conivência são trocados entre os alunos. Há uma "disputa" do desejo. Alguns projetos tomam forma: o jornal, a correspondência.

- *"Nada é jamais adquirido..."*

Quando voltamos em janeiro, no começo de cada aula, tenho de lembrar que a sala não é recreio. É verdade que eles estão mais calmos, que quando voltam, vão se sentar. Eu os obrigo a ficarem quietos? Às vezes me culpo por esse mínimo: já é demais ter de suportar a escola. Tantas horas esperando o final, tantas horas tendo de ficar quieto, tendo de ficar calado.

"— Não gosto da escola porque tem muito tempo morto entre os recreios", escreveu Frédéric.

Está difícil dar início ao teatro. Propus à turma um trabalho teatral com um ator do Teatro do Oprimido.[6] A decisão foi tomada em conselho no primeiro trimestre. A classe, apesar de várias tentativas, não consegue fazer o jogo da corrente,[7] que se mistura e se separa sem cessar. Fico tocada com a solidão de alguns. Alguns blocos de defesa explodem. Alguns se recusam a participar, e a maioria não consegue reter seu papel. Como fabricar o fio que nos amarre, ou melhor, os pontos de articulação?

- *O aparecimento do primeiro jornal.*

Fim de janeiro, um exemplar do jornal está terminado. Corinne, responsável pelo jornal, é quem o traz orgulhosamente e o faz circular durante o Conselho. Martin não consegue se impedir de misturar e estragar as folhas. Mas, desta vez ninguém ri, é uma indignação geral.

A 5ª 3 é a primeira das minhas turmas a terminar um jornal. É também o primeiro jornal que traz, por exigência minha, uma seleção de textos trabalhados em conjunto na aula de francês (jogos poéticos, redações), depois de cinco anos de jornais escolares. As-

---

5. Oficina: uma hora por semana no C.D.I. para trabalhos de grupo (dossiês, cartazes, montagens de diapositivos, etc.).

6. Bernard Grosjean intervêm no quadro de um P.A.E.

7. Martin, gravemente doente, faltou a quase todo o primeiro trimestre, e se mudou em seguida. Não posso me impedir de pensar na angústia com que cada um é obrigado a se confrontar antes de aquiescer ao seu desejo. Martin não conseguiu enfrentá-la.

sim, desta vez eu me felicito: o resultado está bastante apresentável. E, principalmente, a fabricação do jornal desempenhou um papel de união na turma. Ele foi a prova de que durante as horas em que estamos juntos podemos fazer alguma coisa além de nos agredirmos.

Durante o trabalho aparece uma ajuda mútua. Uma espécie de troca. Séverine ajuda Flávio a fazer suas fichas de ortografia. Outros explicam o trabalho entre si. Ainda continuam a trocar golpes, mas isso se tornou brincadeira: "pontapé e soco, passa pro vizinho". Acabo com esse jogo admirando a *performance* do pessoal. Corinne conseguiu dar um pontapé em Abdel que está sentado atrás dela e fora do seu alcance!

- *Nosso primeiro passeio, museu e cinema.*

As decisões da maioria despertam tensões. Alguns não confiam no filme de Mel Brooks, que foi escolhido. Martin apanha seu dinheiro de volta. A saída se anuncia confusa. Dérya e Abdel, responsáveis pela saída, não chegam. Martin se decide finalmente, no último momento. No metrô é a maior bagunça. Martin assobia alto, Christine e Nathalie bloqueiam as portas do metrô ou tentam abri-las com o metrô em movimento. Flávio se senta na rampa da escada rolante... Mas eles estão radiantes, vêm falar comigo. Corinne tenta timidamente me chamar de você, me chamar pelo nome. Laurent me acompanha através do Museu Técnico. Foi ele quem terminou sua carta na correspondência por: "Espero que você me queira bem". E a mensagem, ao contrário das outras, não estava bem escondida num envelope: era uma carta aberta deste garoto que no ano anterior parecia fechado e inexistente. No caminho de volta as meninas me interrogam:

— É verdade que nós somos os únicos assim, que nós somos os piores? Todo mundo diz isso!

Respondo que uma classe onde todo mundo se detesta é a pior. (É o caso da minha outra 5ª, eu sei do que estou falando!) Elas me respondem:

— Era assim no começo do ano.

Durante o depoimento sobre este passeio, fico chocada com a confusão, a falta de palavras: eles se lembram de tudo, mas falam numa espécie de ruína verbal. É uma desordem total. Faço cada um escrever seu depoimento. Escrevo e prego o seguinte cartaz:

— Escrever é sair do nevoeiro das idéias vagas, e decido explicar a eles como é que se faz uma redação.

- *Sair, mas ainda não festejar.*

Na terça-feira de carnaval, eles chegam fantasiados. Dérya está esplêndida em seu vestido de oriental. Não os mando embora como alguns colegas, mas também não abro espaço para a festa. Seria preciso? A classe está tomando corpo, mas acho que ainda não está na hora de fazer uma festa. Admirei as pinturas e as roupas, e começamos a trabalhar normalmente.

- *Conviver e cooperar?*

No final do segundo trimestre me parece que já existe uma verdadeira responsabilidade. Os responsáveis já conseguem definir seu papel, e se explicam com os outros durante o Conselho. As decisões, tomadas em conjunto, permitem fazer com que a classe "funcione". Todavia, nem tudo é cor-de-rosa.

Laurent preside um Conselho ininteligível. As cenas de teatro que eles inventam ainda são muito confusas. A ambivalência em relação ao trabalho escolar, tanto a deles quanto a minha, também continua. Há alternância de esforços e relaxamento. Eu mesma esqueço uma mudança de tempo decidida em Conselho. Mas, por outro lado, Stéfano, o solitário, acabou se inscrevendo num grupo de teatro. Catherine, pequena e muda, um dia ousou falar comigo bem alto para se rebelar. Um grupo de meninas, em ortografia, enuncia sua regra antes de dar partida no trabalho. E Martin, que nínguém mais quer ver na oficina, se encontra sozinho frente à questão "o que é que eu quero fazer?", pergunta esta que ele não poderá evitar indefinidamente. Seus recursos começam a se esgotar.[8]

"Agora as crianças se divertem com jogos intelectuais", escreveu Michael como exemplo de gramática. O trimestre termina com uma tarde teatral para a qual convidamos os correspondentes: eles participam ativamente do forum[9]. Assim Dérya relatou este encontro:

— "Começamos com brincadeiras muito engraçadas, e depois, duas horas de teatro e uma hora para se descontrair e festejar junto com os correspondentes. Eles eram muito gentis, nós nos divertimos muito, chegamos até a dançar. Isso era permitido neste dia. Não vou esquecer este momento agradável que passamos com eles."

Até o final do ano, não nos daremos presentes.

Começo de junho, toda a classe se recusa a trabalhar: eles esperam as férias. Sou obrigada a inventar uma nova organização de trabalho. Faço uma lista das possíveis atividades em francês, um lista do nome dos alunos, e cada um vem escrever o que vai fa-

---

8. Teatro-fórum: cf. Augusto Boal, *Jeux pour acteurs et non-acteurs*, Maspéro, p. 38.
9. *Idem*

zer no começo de cada hora. Isto leva o trabalho adiante por algum tempo. Esta tentativa foi para mim uma primeira etapa capital, que me permitiu, no recomeço seguinte de aula, fabricar as ferramentas necessárias para um trabalho autônomo (contratos, fichas de autocorreção, cartazes, etc.).

Quando preparamos a visita aos correspondentes, fico furiosa ao escutar muitos alunos dizerem no Conselho que não vão apresentar nada aos correspondentes porque acham que não receberam o suficiente. Um grupo aceita, finalmente, levar sua montagem de diapositivos. Eles reescreveram e colocaram em imagens uma pequena fábula da Idade Média. Apesar da qualidade das imagens, eles a apresentarão com muitas reticências.

No último Conselho fazemos as contas. Nathalie propõe que a classe me dê um presente com o dinheiro ganho. "Você nos suportou durante todo o ano"! acrescenta ela. *Suportar?* Logo eu, que queria romper com estes "jogos de sustentação ilimitada"! Flávio, hilário, chegou a sugerir docemente que me dessem um sutiã de presente. A decisão de me dar um presente foi tomada na aula, mas não foi aplicada. Depois da visita aos correspondentes a classe se dispersou. O último gesto verdadeiramente coletivo foi assinar uma das fotos da classe que restaram para enviá-la a Martin.

Mais disponível durante os últimos meses, estive mais atenta a alguns alunos como Abdel, que não parecia evoluir. Como se as coisas que estavam acontecendo e modificando a turma não o atingissem. Porque, do caos inicial, saíram formas distintas. Para nos mantermos juntos, foi necessário fabricar obstinadamente instituições geradoras de sentido.

"O sentido não é uma verbalização,* é um processo" (J. Rousseau Dujardin).

A Pedagogia Institucional, este ano, nesta turma, foi a difícil arte de construir em conjunto.

---

* No original, *constat* (N.T.).

CAPÍTULO QUATRO
REPRISES

Novamente, na releitura, esta impressão de que para Marguerite tudo faz sentido nesta história que ela nos conta. Tudo faz sentido para ela e, subitamente, para nós tudo encontra o seu lugar, acha uma coerência, até mesmo a incoerência. E, subitamente, esta turma se sustenta em conjunto, não muito bem — foram precisos alguns elos, como o jornal — um nada pode fazer tudo voar em todos os sentidos.

Mas, de qualquer maneira, a turma se sustenta e cada um aí encontra seu lugar, sem ser olhado como alguém com quem a escola não sabe o que fazer.

A turma se sustenta, trabalha, mas não é um milagre: Abdel não passará de ano e talvez seja melhor assim. Última prova, para ele, de que ninguém se deixou enganar. Existem outros também cujos resultados deixam muito a desejar.

Justamente — tanto melhor — talvez: porque nós os deixamos a desejar e a realizar, e isto...

Claire C.,
17-11-82, à noite.

1. Instituições e mediações na classe

Não tendo imaginado o menor mecanismo para articular as forças presentes, me deixei pegar na armadilha: um encontro face a face era inevitável. Como se eu persistisse numa antiga ilusão de relações magicamente harmoniosas. Era então da maior urgência criar um vazio, um espaço entre os alunos e eu, para não ser devorada. A única coisa de que sou então capaz de afirmar é: eles não terão minha pele! Vou fabricar barreiras de proteção, inventar desvios e complicar os circuitos. Um face a face exclui as trocas: estamos dentro da lógica da devoração ou da assimilação. O único meio de escapar a esta lógica é criar as instituições e introduzir as mediações[1] que farão a classe "girar".

— *Primeiro o Conselho,* que acontecerá regularmente (mais ou menos meia hora de quinze em quinze dias) e o caderno do Conselho.

O Conselho, nesta turma, tem uma função vital para o grupo: ele abre um espaço onde se pode dizer a violência e o sofrimento, momento de colocar para fora, eliminar o que foi vivido. Nunca

---

1. Cf. Oury-Vasquez, C.C.P.I., p. 682, texto fundamental para a estrutura ternária desta relação.

falei a este ou aquele para repreendê-lo por seu comportamento, como gostam de fazer certos colegas. A crítica que uma turma pode fazer a um aluno tirânico ou perturbador me parece muito mais eficaz: por um lado, porque aquele que está sendo criticado pode se defender (o presidente lhe garante o direito de falar), mas sobretudo porque se pode fazer a afirmação de uma lei comum. A lei que a classe enuncia durante o segundo Conselho, é violenta para Abdel, porque ela o obriga a reconhecer o desejo dos outros, isto é, ela o obriga a se socializar.

O Conselho é também um local de aprendizagem: não se pode conduzir uma reunião de improviso, menos ainda um Conselho. É por isso que guardo a presidência durante muito tempo. Os *donos da palavra,* o *ritual,* permitem saber do que se está falando e fazem com que o Conselho preencha suas diferentes funções. Aprendizagem técnica indispensável, mas também trabalho dos papéis e do remanejamento das identificações: como se desprender destas fascinações? Como escapar a uma relação de dominação? O aluno que quiser imitar o professor é rapidamente chamado de volta pelo seu nome, isto até que abandone esta falsa posição.

Querendo imitar o professor, em vez de se apropriar de sua técnica e do seu saber, Laurent se ridiculariza e se faz criticar (cf. as diferentes identificações, p.184-189 V.P.I). Seis alunos experimentaram a presidência: Christine, Laurent, Nathalie, Martin, Dérya, Hassiba. Somente esta última conseguiu seguir claramente a ordem do dia que ela havia estabelecido com a turma.

Finalmente o Conselho permite as decisões comuns, um projeto cooperativo. Se nada se faz junto, é inútil fazer um conselho. É aí que a 5ª 3 decide e organiza a realização do seu jornal: quem é que vai tirar cópia dos artigos, que dia serão escritos, quem vai batê-los à máquina, quem propõe uma capa, qual será o título, etc. É durante um Conselho que Corinne, responsável pelo jornal, apresenta o primeiro exemplar terminado.

• *Outra mediação capital: uma produção cooperativa.*

Fabricar alguma coisa junto, e se organizar para chegar a um resultado, isto talvez seja reencontrar o desejo de aprender. Trata-se de substituir o "aluno gravador", que grava e depois restitui, pelo aluno que trabalha e produz com os outros. No dia da redação dos artigos todos se inscreveram para o "sumário do jornal", mesmo se a participação de alguns foi reduzida. Eles chegaram até a voltar para a sala antes do final do recreio!

Jean-Claude e Abdel trouxeram uma proposta para a capa, e o desenho de Jean-Claude — um boxeador negro dentro de um ringue — foi escolhido debaixo do maior entusiasmo. "Num país rico, não existe nem um grande boxeador, nem um grande roqueiro", constata um sociólogo. A classe escolheu o que se parece com ela e o que a une. Tenho tanto apego a esta função de união que o jornal produz, que durante muito tempo conservei o rascunho dos textos e dos artigos. Depois da impressionante dispersão do princípio do ano, tenho medo de que nossas primeiras linhas escritas se percam.

• *As responsabilidades.*

Mesmo que indiretamente, trata-se ainda de me proteger, mesmo que dividindo realmente os poderes. Não sou mais responsável por tudo. Cada um pode tomar para si um domínio particular: cartazes, manutenção dos locais, livros e dicionários, material, quadro-negro, corresponências, saídas, jornal, tesouraria, etc. Na verdade, seria muito mais fácil se eu fizesse tudo sozinha. Mas desta maneira eu receberia todas as críticas e a agressividade que um poder tão esmagador despertaria. Para os alunos, sempre me pareceu que a responsabilidade funciona como ponto de partida, isto é, a partir daí a palavra pode vir. Correr o risco, cometer erros, se deixar criticar, prestar contas, dissociar sua pessoa da responsabilida, é o que pode existir de mais formador. Mas é preciso reconhecer que a noção de responsabilidade não ocorre no secundário, nem nos alunos, nem nos professores. Quando os responsáveis pela correspondência quiseram negociar as fotos da classe com os professores do clube de fotografia, foram alvo de uma ironia insuportável. Os dois colegas aparentemente não queriam discutir e decidir com os alunos, queriam era tratar diretamente comigo, e tive de mandá-los várias vezes aos alunos responsáveis. Decênios de funcionamento hierárquico fizeram da escola um lugar infantilizante e antieducativo. Como é que os adultos, eles próprios despossuídos de qualquer responsabilidade no funcionamento do seu estabelecimento, poderiam permitir aos seus alunos exercer responsabilidade reais?

A correspondência.

A classe de 5ª com a qual nos correspondemos constitui uma espécie de escoadouro, um exterior imaginário e real que multiplica os canais de comunicação e através do qual o trabalho pode encontrar seu valor de troca: senão, para que produzir para si próprio? Os dossiês, o jornal, as montagens dos diapositivos, os fóruns encontram seu sentido quando são trocados com os contos e os trabalho da outra 5ª. A dificuldade, me parece, vem mais dos dois professores, da sua aprovação para esta correspondência em sua turma, do que dos alunos. A cólera de alguns: "Isto é tudo o que nos mandam!", revela freqüentemente que eles perceberam um mal-entendido, uma disparidade. Eles deram um valor importante ao seu trabalho, mesmo que o resultado não seja maravilhoso, e o que eles recebem, mesmo quando não há nenhum problema de "igualdade" na troca, não lhes parece da mesma natureza.

Com a correspondência, se tece a história da turma e um pouco a história de cada um. Sintomas curiosos: as primeiras cartas individuais dos alunos da 5.ª 3 se perderam e voltaram ao colégio, não sei como, enquanto que o resto, a correspondência coletiva, chegou ao seu destino.

A foto da turma, que fizemos para eles no pátio, não saiu boa. Foi preciso refazê-la na aula de francês. E quatro alunos, Flávio, Nathalie, Christine e Alice escolheram a mesma correspondente: seu físico agradava a todos? Não se autorizavam eles a ter cada um o seu correspondente ou procuravam rivalizar entre si? Mas sempre os dois encontros permitiram trocas a propósito do teatro, das refeições, das visitas, do *walk-man* (que cria um laço entre os alunos em vez de isolá-los). Uma mediação, como diz J. Oury, faz as coisas saírem para fora. Não foi durante nossa visita aos correspondentes que Flávio e Hassiba vieram me falar longamente de suas numerosas cicatrizes? Espero que não mais lhes seja necessária esta linguagem do ferimento, do não dito que inscrevemos no corpo.

- *O teatro.*

É uma espécie de dupla mediação, já que um interventor externo vem duas horas por semana, durante todo o segundo trimestre. Neste caso ainda, trata-se de tornar as trocas possíveis e de multiplicá-las: a turma aprende a falar por imagens.[2] No jogo de "completar a imagem" as discussões se tornam jogos e cada vez que Martin vem fazer a mímica da merda, recebe como resposta a imagem do pontapé no traseiro ou da lata de lixo. Mas Bernard, o ator, chega também com as suas regras, que a turma vai tentar sistematicamente infringir no começo, para em seguida iniciá-lo em suas próprias regras (Abdel irá adverti-lo, antes do Conselho, que existem regras a ser respeitadas, cf. Capítulo cinco). Através do teatro, alguns puderam representar o que estava acontecendo nas relações com os pais, a escola, a classe. Martine e Corinne afirmaram

---

2. *Op. cit.*, p. 65.

num fórum no final do ano o seu direito de serem boas alunas numa "classe de nulos", termo imposto pelos meninos. E Stéfano, o bom aluno, escolheu o papel do repetente que falsifica a assinatura dos seus pais.

- *A cooperativa.*

Introduzi tardiamente o dinheiro na turma. Necessitei de muito tempo para obter da cooperativa do colégio a possibilidade e os meios para fazer as cooperativas de classe. Xavier, o tesoureiro da 5.ª 3, com quem deixei o dinheiro obtido, nunca conseguiu prestar contas precisas ao Conselho. Cada vez que a turma reclama, ele mostrava um ar ofendido de alguém cuja honestidade está sendo colocada em xeque. Ele, que sempre se colocou um pouco à margem, que nunca intervinha no Conselho, escolheu em todo caso um lugar onde pudesse ser interpelado. Tive mesmo de convocá-lo por telefone no final do ano para que devolvesse o dinheiro restante que depositei na cooperativa do colégio, persuadida de que alguma coisa importante havia falhado. A classe gastou mais ou menos 40 francos na compra de material, nas fotos da turma, nas primeiras correspondências. O dinheiro ganho com a venda do jornal, 50 francos, cobriu estas despesas. Economia pobre ou orçamento equilibrado? Habitualmente o dinheiro de uma cooperativa de classe, em minhas outras turmas, é gasto. Sobretudo a parte que foi ganha pela própria turma. Seria isto um sinal de que a classe tinha necessidade de viver em autarquia para se estruturar e que ela não queria dever nada a ninguém? Não pude perguntar a eles.

Parece que finalmente os alunos se apoderaram do que introduzi na classe. Tomaram posse das instituições, chegando a me obrigar a respeitá-las. No dia em que eu quis decidir o título do jornal durante uma aula, eles recusaram com um NÃO unânime e divertido cada um dos títulos da lista que eu havia feito. Esse NÃO, dito desta vez com um dorriso, era sem dúvida uma maneira de me refrescar a memória: as decisões se tomam no Conselho. E o título foi efetivamente escolhido no Conselho seguinte.

Se as mediações são um pretexto para se falar e trabalhar suas identificações, a instituição funciona como um meio de estruturar a classe, isto é, distinguir os locais, o tempo, os papéis. Talvez seja apenas num meio estruturado que cada indivíduo possa ele mesmo se construir, isto é, fazer a aprendizagem da diferença.

2. *A classe e o grupo*

- *Uma história dupla.*

A história e a análise do que se passou na classe de 5.ª 3 só existem por causa do trabalho dos cinco professores que formam a E.P.I.[3] Região Parisiense em 1981-1982, e dos três que no ano seguinte levaram o trabalho escrito ao seu termo. O grupo constitui em princípio o ponto de equilíbrio que me permitiu continuar nessa turma. Mas, sobretudo, colocou em evidência o que se passava cotidianamente nos casos, nas intuições, nas minhas resistências e cegueiras. Lenta maturação que ultrapassa de longe o ano escolar, que não diz respeito apenas a mim, mas onde cada um arrisca um pouco de si, dando seu tempo, seu dinheiro, sua palavra e seus escritos. História que se constrói então no cruzamento de dois caminhos, o da classe e o do grupo, e que atinge cada um de uma maneira que os coloca à prova, de uma maneira perigosa. Porque o trabalho de elucidação tanto se faz na palavra trocada quanto na escrita.

• *Questões que para mim persistem.*

Primeiro, o *lugar do professor*. Questão viva, no coração de qualquer monografia. O que é esse lugar a ser mantido? Precisei de muito anos para admitir definir limites, representar e usar a lei: a que faz com que nos mantenhamos, tanto eles quanto eu, seis horas juntos por semana, para dar aula de francês. Foram eles, os alunos da 5ª 3 que me ensinaram que não há abertura para um espaço da palavra, se antes não houver existido um fechamento. E que a classe não pode se manter junta se este lugar, o lugar do professor, não estiver ocupado. Meu desejo é de que tudo andasse sozinho, sem mim. Tentação reiterada de me retirar para a margem. O lugar do professor é um lugar muito exposto? Insustentável por ser paradoxal? Se os professores falam sem parar em mudar de profissão, é sem dúvida por outras razões que não as de conjuntura. Podemos ser ao mesmo tempo vigia e capitão, aquele que fixa a estrada, dirige a navegação e que faz o recuo necessário para a observação?

O que foi que levou cada um de nós a ocupar um lugar assim tão difícil? Ou, falando de uma maneira mais brutal, o que é que nos impede de deixar a escola? Nunca conseguimos achar as respostas.

"Viver é se obstinar em terminar uma lembrança", diz René Char.

Terminar no sentido de matar, talvez. Eu nunca digeri, conforme disse numa reunião, o fato de ter tido de ficar calada durante minha escolaridade. Minha lembrança básica: o mutismo. Isto é, sem dúvida, a razão que faz com que eu fique atenta aos emparedados. Stéfano, água adormecida, ou Abdel, escondido atrás de suas defesas.

---

3. E.P.I.: equipe de pedagogia institucional.

E, por outro lado, *o que é aprender*? Nós todos trabalhamos em locais de formação. O que é que impede as aquisições escolares? Ou o que é que as tornaria possíveis? Uma certa organização do trabalho, das ferramentas, isto é seguro: este trabalho primordial, material, resisti muito tempo a fazê-lo. Mas, esta arrumação da classe, no sentido mais concreto, mais técnico, só se justifica se permitir a "amarração" do desejo. As ferramentas, as técnicas, os dispositivos são espécies de pontos de amarração dos desejos dispersos de cada um, tanto alunos como professor. Caso contrário, esses desejos flutuam em direção a um lugar onde nada de real acontece. Esta é a condição *sine qua non* para que um trabalho de mudança, de suspensão das inibições e de emergência possa começar, isto é, a aprendizagem. E, no que diz respeito ao ato de aprender, o professor faz parte da turma. "Ele não fica na frente atirando bombas de saber sobre o pobre povo", como diz Jean Oury. Ele próprio está inserido neste trabalho inconsciente a que deu partida. Talvez escrever uma monografia seja a maneira de se aprender.

Aprendizagem com os alunos e também entre adultos: que meios utilizar para realizar a tarefa que nos impomos? Que mediações o grupo vai ter de encontrar, para retirar seus próprios restos? Mal-estar, rancores, mal-entendidos, partidas, bloqueios ou dificuldades em se separar. Neste caso ainda, trata-se de se desprender, depois de um pedaço de caminho feito em conjunto, "um caminho que se traça andando, que não existe em si, que lhe ensina o que está em questão".[4]

Minhas perguntas às vezes encontram as perguntas dos outros. Mas cada um guardou mais particularmente tal frase, tal momento, para nutrir seu próprio questionamento. Seguem-se, pois, as reprises de cada um.

Marguerite

3. O 15º round *não acontecerá*

Quando encontrei a 5ª 3 por ocasião do teatro-fórum, fiquei surpresa com o contraste entre a violência que aparecia nos depoimentos de Marguerite, o medo que geralmente desperta este gênero de aluno e sua aparência muito infantil. Eles são pouca coisa maiores do que seus pequenos colegas do Bois-Labbé, do Mont-Mesly, que encontro em meu trabalho com as classes primárias.

---

4. J. Oury, *Onze heures du soir à Laborde*.

As faces ainda um pouco redondas, a voz que ainda não é voz de homem, despertariam o instinto maternal, se eles não nos mantivessem a distância com seus gritos e seus socos sempre prontos para serem dados. Uma tensão dolorosa os habita, a eles que se sentem continuamente ameaçados de exclusão, e preferem tomar a dianteira e provocar o que de qualquer forma eles sabem que vai acontecer. Tensão terrivelmente perceptível em seus corpos jamais em repouso, em suas palavras que saem por golfadas, como se tudo neles devesse ser uma arma contra o inimigo.

"Bata com a esquerda! Bata com as duas mãos!
Avance sempre! Avance!
Faça uma ação contra! Serre bem os punhos!"[5]

Quando deixam passar em seus rostos um pouco de fragilidade, parecem pedir alguém que queira escutá-los. Alguma coisa deste tipo é possível na 5ª 3. Porque a linguagem dos golpes esta proibida, pouco a pouco poderão ficar menos na defensiva. Porque as ocasiões da palavra — e da escrita — lhes são oferecidas, eles poderão pouco a pouco falar e ser ouvidos. Momentos sempre ameaçados, porque a tensão volta depressa, sobretudo diante da exigência da tarefa. Ambivalência diante destas propostas de inscrever aí, nesse lugar, alguma coisa do seu desejo. É tentador porque é difícil, porque uma certa confiança em suas possibilidades de produzir, de mudar, é afirmada. É amedrontador porque é difícil, porque há o risco de serem rejeitados uma vez mais. Alguns, como Abdel, tentam fazer o projeto fracassar, mas essa falsa moeda é recusada.

O que está sendo proposto a eles é crescer, crescer pouco a pouco, até mesmo muito lentamente, sem chegar talvez a ter o tamanho com que sonhavam, sem ter ilusões sobre suas forças neste combate consigo mesmos. O que está sendo proposto a eles, através do NÃO à violência, é aprender a dizer seu nome, aprender a "contar com as suas iniciais" para poder um dia responder à questão: o que é que eu quero fazer?

Claire C.

4. O que é que eu quero fazer: da depressão à inscrição

Assim como Martin, Marguerite não pôde evitar esta questão. Ir fazendo, preparar na véspera para o dia seguinte ou improvisar, é sempre possível, mas não numa turma que não chega a ser uma

---

[5]. As citações foram tomadas da canção de Bernard Lavilliers "15º Round" (extraída do álbum que leva o mesmo título).

turma, não numa selva. Isso só funciona se os alunos estão resignados em estarem aí, entre quatro paredes.

Mas neste ano não havia paredes, e bem que vai ser preciso construí-las. "Aqui é a turma", repete Marguerite incansavelmente, limitando com a palavra este local onde é preciso estar. Pela palavra, mas não ainda pela escrita: Marguerite não inscreveu a "lei fundamental", a que inaugura sua presença de um lado e a dos alunos do outro, neste colégio, nesta classe, nestes momentos. Porque inscrever esta lei é não apenas aceitar e mostrar a outros que o fechamento é inevitável, mas também estar pronto para inscrever alguma coisa de um desejo:

"Estou aqui para trabalhar com vocês o francês" (lei fundamental), e:

"Vamos trabalhar da seguinte maneira" (instituir para permitir o desejo).

Antes do primeiro Conselho, tratava-se apenas de obedecer, aprender a ficar ali, a se comportar de uma certa maneira e não ainda do que é que se vai poder fazer juntos. Fazer juntos será primeiro "fazer o Conselho". Ruptura no tom, no objeto. Marguerite está decidida e neste dia não propõe gramática ou leitura. Trata-se antes de tudo de indicar que eles têm, cada um, alguma coisa a fazer aí, a dizer aí, entre estas paredes. A saída não está fora, mas dentro. A prisão se torna local de vida possível. Espaço de troca onde circula uma moeda que eles terão de inventar: o que é que eu quero fazer, o que é que eu posso achar como maneira de ser, que não lance contra mim nem recusa nem crítica?

Neste local de troca eles irão se inscrever: primeiro no caderno do Conselho, onde figuram as decisões tomadas pela turma e somente por ela. Como se este caderno fosse verdadeiramente o lugar de uma inscrição que garantisse a unidade deste grupo. Como se ele funcionasse como substituto desta lei fundamental não inscrita.

Tomar decisões é abandonar a posição depressiva do "o que que eu estou fazendo aí?" para se projetar no futuro, tanto como grupo-classe, mas também cada um, na classe, segundo o seu desejo. Porque a partir destas decisões eles se inscrevem também em tarefas individuais: diversas responsabilidades, repartição do trabalho para a realização do jornal, escolha do correspondente, no final do ano a inscrição num trabalho mais escolar. Escolha da tarefa, escolha daquele com quem vai trabalhar e estabelecer trocas. E aqueles que escolheram ao mesmo tempo o mesmo correspondente, estavam talvez dizendo com isso que encontraram um desejo comum.

Mas a inscrição se faz fora também. Pela maneira com que Marguerite escuta seus textos, o que poderia ser apenas um trabalho escolar (as redações) toma uma outra dimensão. Os temas que ela dá não se parecem com as punições que me infligiam quando eu era aluna, mas são como portas abertas para um mundo interior que de outra maneira se enfraqueceria e nunca tomaria forma. Seus temas são como convites para dizer/escrever alguma coisa de si.

Dizer alguma coisa de si, mas para ser ouvido: se Marguerite corrige os textos, ela os lê também do ponto de vista do sentido, e é esta leitura que ela traz para o nosso grupo — sempre com muita prudência aliás; é esta leitura que ela tenta enviar ao aluno na "apreciação" no alto da cópia. Ela não é a única a escutá-lo, já que cada aluno, qualquer que seja a sua nota, pode ler o seu texto para a turma. O grupo se constitui, os indivíduos ocupam um lugar nesta trama de textos tecida no dia-a-dia.

É uma primeira imagem dele mesmo que faz o grupo existir. A classe terá outras imagens ao longo do ano: fotos da turma para os correspondentes, primeiro estragadas. Depois, no começo do segundo trimestre, um clichê que nos revela algumas das forças presentes: uma delimitação meninos-meninas, uma outra delimitação entre os corpos disciplinados e aqueles que estão sempre prontos para o movimento. À esquerda de Marguerite, bem firme sobre os dois pés, Abdel, proferindo sua recusa numa bola de chiclete. Os contatos, as separações, revelam os laços que eles ataram. Resumindo, uma espécie de sociograma instantâneo. Imagens também no quadro do teatro. Cada um pode entrar e colocar os outros em cena, mudar de papel, de lugar, experimentar vários comportamentos. Tantas tentativas para encontrar o "lugar certo", que se situa sem dúvida em algum lugar entre aquele que eu gostaria de ocupar e aquele que me permite ser reconhecido.

Todas estas imagens nos mostram um grupo mais constrangido, mas se abrindo para múltiplas possibilidades, não mais sonhando em fugir da prisão onde foi fechado, mas enriquecendo sua vida com múltiplas viagens pelo imaginário e pelo real. Em suma, um grupo capaz de pouco a pouco articular sua história, de simbolizá-la, como provam as "palavras do final"[6]:

manifestar-se
a violência
responsabilidade
Conselho
não sei
não
os cartazes colados na parede
a vez da palavra

---

6. A última pergunta do balanço do final do ano foi: "Que palavras parecem importantes para você agora?"

"Poucas palavras, mas muito importantes", nos dizia Marguerite. Alguma coisa deste ano ficou bem inscrita neles. Marca que eu vejo não como uma cicatriz, lembrança de uma perda, de um sofrimento, mas como rugas que num rosto contam a história de uma vida inteira.
Eles berraram, eles falaram, Marguerite resistiu, ajudou. Eles recusaram, eles quiseram.
Houve quatro paredes e houve um lugar de vida.
Claire C.

5. Escrever na classe

Escrever na aula de francês onde comumente se ensina a não escrever, através das preparações-redações-correções repetidas de quinze em quinze dias.

"Em razão de seu caráter extremamente formador, os exercícios de redação devem ser propostos com uma freqüência suficiente. Para aqueles que são apresentados sobre uma cópia, a periodicidade da quinzena responde a este objetivo."
Circular n? 77-156, B.O. n? 22 bis 1977

Como não fracassar no interior de limites tão vazios quanto insustentáveis? Como conciliar prescrições tão rígidas com objetivos louváveis e utópicos?

"O ensino do francês nos colégios visa, em primeiro lugar, dar a todas as crianças e adolescentes, de acordo com seu grau de maturação, a capacidade de se comunicar e de se exprimir com naturalidade e clareza, oralmente e por escrito, na língua de hoje".
Circular n? 77-156, B.O. n? 22 bis 1977

Comunicar... se exprimir... Claro! Mas quando você está acostumado a que lhe peçam para contar a melhor lembrança das suas férias, é raro deixar de compreender bem depressa que não se trata de responder à curiosidade insaciável do seu professor em relação à sua pessoa.
Aprendizagem a reboque. Hiprocrisia para impor princípios que sabemos que estão escondidos aí.
Em sua classe Marguerite modifica fundamentalmente o estatuto da escrita, tomando ao pé da letra os textos oficiais, que não têm o hábito de serem assim tomados. A escrita se torna um verdadeiro meio de expressão e comunicação. Uma redação é para que cada um fale de si, dos seus medos, dos seus desejos, das suas recusas, e não um material a ser corrigido penosamente. Nas primeiras

linhas do seu depoimento, quando ela menciona a ausência de pontuação e de maiúsculas, ela não deplora o nível dos seus alunos que baixou ainda mais nesta nova volta ao ano escolar. Mas sublinha a maneira como a confusão e a violência passam pela própria escrita.

Para nos falar de um aluno, ela lê o que ele escreve. Confere assim a estes textos escolares o mesmo peso de escrita que damos a nossos textos no grupo, aqueles que nos obrigamos a escrever e a ler no final de cada reunião.

Ela procura um sentido nestes textos. O sentido do que cada um vive na classe e fora dela. O sentido desta violência em que eles e elas se debatem para não se deixar devorar. O sentido dos outros. O sentido de suas faltas.

E talvez também o sentido do que ela faz esse ano aí nessa turma. "Encontrar os artifícios para dar a palavra a quem não a possui", diz ela.

História que nos aproxima: histórias de classes, histórias de meninas, de irmãs e de irmãos, e dos mais novos. No silêncio dos anos intermináveis, não nos damos palavras escritas para estarmos ainda vivos? Nos tornamos professores de letras também pelo amor às letras, para dividir esse amor e não apenas para ensinar.

Se houve comunicação na classe de Marguerite, não foi apenas porque as situações de escrita eram mais "verdadeiras" do que em outros lugares, mas porque houve uma verdadeira troca: ela respondeu à sua violência por uma palavra de adulto dirigida a adolescentes, a eles, cujos textos são habitualmente passados por um crivo sem retorno. Ela lhes disse alguma coisa dela, alguma coisa da importância, sobre a palavra e a escrita — como se escrevesse para ela mesma ou para nós no grupo.

"A violência nasce da palavra emparedada".
"Escrever é sair do nevoeiro das idéias vagas".

Gesto insólito, ousado e produtivo: um professor que escreve aos seus alunos sobre as paredes da classe! E que consegue tocá-los, como demonstram algumas de suas reações.

Trabalho de escrituras em cadeia, ou seja: Marguerite, seus alunos, nós do grupo, e cada um enfim.

Talvez por causa destas duas frases: elas são daquelas que eu copiava nas minhas agendas, trocava com outras pessoas no longo tédio do liceu. São daquelas que continuo a copiar, às vezes, mastigando minhas palavras.

Danièle

6. O jornal; uma maneira de escrever a violência

O jornal da 5ª 3 não proporcionou a ocasião de um estudo da imprensa nem de nenhum trabalho escolar aprofundado sobre diferentes tipos de escrita. Ele tem todos os defeitos do gênero. Mas o que me toca é o que ele revela das imagens do feminino e do masculino próprias à classe das imagens caricaturais: boxeador ou jogador de futebol musculoso para os garotos, concursos de beleza para as meninas. Uma espécie de fronteira estanque está traçada entre os dois sexos, e esta exasperação da diferença sexual talvez seja apenas uma maneira de recusá-la, cada sexo rejeitando o outro no domínio do inaceitável.

— Por que ele mostra seus dentes?
— Porque ela é bela, está escrito nos jogos poéticos do jornal. Medo do outro, agressividade, cinema? Nunca termina esta história de estar ameaçado pelo outro e de negar a diferença, porque a diferença sexual sempre nos violenta, ela que constitui cada um num ser separado, expulso do paraíso.

As trocas são, então, difíceis. Um texto de Stéfano fala da impossibilidade de realizar seu desejo. Ele gostaria de explorar o interior de uma pedra, mas é expulso por uma advertência escrita num cartaz: "Homens sem barba, perigo de morte", isto é, somos muito pequenos. E, principalmente, o que domina é a impossibilidade ou a interdição de exprimir seu desejo. Talvez seja neste sentido que a palavra está emparedada. No desenho em quadrinhos feito por Nicolau, o garoto que exprime seu desejo recebe um violento tapa da menina porque é "abusado e sem dinheiro". E Nicolas conclui: "As meninas de Pigalle não vão com qualquer um e sabem se defender".

É difícil falar... mais difícil do que trocar socos. Entretanto, o jornal abriu para cada um a possibilidade de dizer. (Os três alunos que não apareceram na relação do ano estão presentes no jornal através de um texto.) E de dizer o quanto o outro é irredutível ao idêntico.

Marguerite

7. Ser professor ou alguns fantasmas que estão na base da história da 5ª 3

O que me parece tão apaixonante na história da 5ª 3 no seu princípio é o desvendamento do que todo ato de formação subentende: o que se representa no palco da classe, é verdadeiramente esta tensão extrema entre forças contrárias. Angústia e tendências destrutivas do lado dos alunos, e do lado de Marguerite, a vontade de vencer a angústia e a destruição para fazer triunfar o desejo e as forças de vida.

É verdade que bem rápido vamos abandonar este terreno do duelo, mas o próprio depoimento é ritmado por esta alternância coesão-dispersão, construção-destruição, trabalho-circo, e nos prova assim a persistência e o caráter inextingüível deste combate fundamental.

Poderemos dizer também que no começo Marguerite tenta conter nela todas estas "crianças" (ela faz um muro com sua voz, senão com seu próprio corpo). Mas ela quer acabar logo com esta sustentação. A "sustentação ilimitada" não é seu desejo. Por todas as mediações que sucessivamente introduz, se instaura uma separação, uma distância: cada um em seu lugar, o seu lugar bem distinto do lugar do outro.

Se há uma sustentação, é apenas a do guia que sustenta durante um tempo, para permitir atravessar o rio que não se saberia atravessar a nado. E é por outros rios que o guia vai conduzi-lo, em direção a novas terras que devem ser exploradas. A travessia da 5ª 3 tem algumas semelhanças com a de Christophe carregando a criança:

> 'Christophe levantou então a criança sobre os seus ombros, pegou o seu bastão e entrou no rio para atravessá-lo. E eis que a água do rio aumentava de volume pouco a pouco, a criança pesava sobre ele como uma massa de chumbo. Ele avançava e a água aumentava sempre, a criança cada vez mais esmagando seus ombros com um peso intolerável, de maneira que Christophe foi sendo tomado por uma grande angústia e tinha medo de morrer..."[7]

Bela imagem do professor que tenta levar sua turma um pouco mais longe no controle de si, um pouco mais longe no conhecimento de si, no conhecimento dos outros. Bela imagem da necessidade impotente (não todo-poderosa) do professor que também vive, sofre e pode morrer, condição para o acontecimento do desejo, de um desejo de trabalhar junto, de cooperar nestas terras novas nas quais se chegou.

O que permite a passagem é o bastão que o impede de se afogar, o bastão sobre o qual se apoiar para não sucumbir ao peso de toda esta violência, de toda esta infância sem marcas indicadoras: bastão simbolizando as técnicas, rede de proteção, rede de incitação, ocasião para se fazer a amarração.

---

7. Michael Tournier, *Le roi des Aulnes*, p.71.

Na 5.ª 3 todos são convidados para a passagem: não se trata de passar de ano, passar para uma classe superior, mas de passar para outra coisa, passar para uma outra atitude, para outros interesses, para outras maneiras de ver os outros, de se ver. Resumindo, se *des-locar*, encontrar um outro lugar, aquele que se tem vontade de ocupar num projeto comum.

Claire C.

CAPÍTULO CINCO
ABDEL

"Sou um garoto e gostaria de continuar sendo um garoto. Porque eu não gostaria de ser uma garota. Isso me deixaria chateado de verdade. Porque eu teria de lavar louça, arrumar os quartos. Mas também não gostaria de ser uma garota, porque os argelinos, na Argélia, não permitem que as mulheres saiam, como na França, e também eu teria de escutar meu irmão e não gosto disso. E também se quisesse ter uma profissão de acrobata ou alguma profissão perigosa, eu não poderia. Isso também me deixaria muito chateado. Se eu quisesse fazer sacanagens, não poderia. Ou praticar um esporte perigoso, também não poderia. E eu não gostaria de ter de carregar um bebê. E não gostaria de ter de usar saia. E gosto de ser garoto, porque senão depois teria de ser mãe e seria muito duro para mim ter de me ocupar das crianças, dar mamadeira ou dar-lhes o almoço, que eu teria de fazer. E as garotas têm medo de muitas coisas, como de camundongos e aranhas. E ele (sic) teria medo de fazer um safári na África. Eu não gostaria de ficar grávida. Não gostaria de costurar e me pintar."

Redação de Abdel no 2º trimestre.

- *Abdel e os outros.*

Abdel, no começo do ano, arrasta a turma consigo. Junto com Martin, é o líder da oposição, gozando do prestígio de "durão" acima de qualquer punição e se impondo no colégio como o chefe de um bando de argelinos. Suas qualidades de jogador de futebol e sua insolência completam a marca da sua imagem. Abdel não é, contudo, a única vedete desta turma. Ao seu lado, Martin ocupa o papel de palhaço oficial, consagrado pelo barulho. Flávio é mais imprevisível: um paradoxo de candura e perversidade, um especialista em resistência passiva. Há ainda Michel, que fica esperando para ver de onde sopra o vento. Ele vai nas brechas dos outros, mais tímido, não ousa ele próprio criá-las. Seus gritos incomodam a turma mas não paralisam o trabalho. E depois Francis, que provoca as meninas, Corinne, que provoca os meninos, e os outros... No começo do ano havia sempre um ou uma ocupando o palco. Mas aos poucos o palco foi sendo invadido pela classe inteira, e as vedetes foram obrigadas a encontrar outras maneiras de serem reconhecidas. Resta Abdel, um osso duro de roer. Tenho a impressão, no final do 2º trimestre, que ele não havia evoluído em nada.

- *No centro de uma monografia?*

Clara fala várias vezes em fazer uma monografia sobre Abdel. Isso é um horror para mim! Ainda ele! E o que que vai ficar parecendo uma monografia que fala de uma erva daninha sem mostrar sua transfiguração graças à P.I.? Não tem de haver, em toda monografia, uma virtude demonstrativa? De que vale escrever se for para dizer que eu não posso medir os efeitos do que foi vivido?

No entanto, Abdel é o tipo de aluno que se encontra em todas as classes. É aquele de quem se diz:

— Ah, se ele não estivesse aí, como essa turma andaria bem!

É quase um personagem, um estereótipo: o líder negativo, o do contra que assinala todas as falhas do professor e que não as perdoa, adversário que além de estar sempre pronto para o combate, ainda provoca este combate.

Arrumando o armário da minha sala, no final do ano, encontrei a capa que Abdel havia proposto para o jornal: um tigre em pé, com todas as garras de fora, apesar do seu ar de pantera cor-de-rosa. Uma grande cauda levantada, uma pata sobre o quadril, a outra apoiada sobre um bastão vermelho. Este tigre da selva do começo do ano tomou a pose do caçador no segundo trimestre. Mas será que isto quer dizer que se tornou civilizado?

Abdel ou a oposição perpétua. Mesmo que passe permanentemente da hostilidade violenta, agressiva, destruidora, à sedução, mesmo quando dissimula e se esconde, procura sempre invadir o espaço com a sua revolta. Ele diz NÃO. Pede sem cessar e rejeita sem cessar.

• *Abdel e a violência.*

Ele que falava em voz alta, se levantava a toda hora, empurrava e insultava todo mundo, se chocou um dia com uma parede, na qual eu havia escrito:

A violência nasce da palavra emparedada.

A história de Abdel, para mim, é em princípio a deste choque com uma parede. Ele repetiu esta frase como se ela o tivesse tocado de uma maneira muito forte.

— Por que a violência nasce da palavra emparedada?
— Porque não podemos nos vingar de outra maneira.

E mais tarde, ele escreveu ainda: "Não gosto das palavras emparedadas". Esta frase, mesmo em suas intervenções orais, se tornou um *leitmotiv*, obcecando-o, sem dúvida, por sua evidência. Seu desejo de dizer sendo tão forte quanto a resistência a dizer, ele se encontrava de verdade contra a parede, obrigado a escolher entre a violência e a palavra. Ora, a violência é explicitamente proibida na classe: eu repito que não se briga na turma, mas se fala. Chegarei mesmo a escrever isso como uma lei para a outra 5ª depois de uma briga súbita. As paredes da classe, aliás, falam: cartazes feitos pelos alunos na oficina, cartaz para que os alunos se inscrevem nesta ou em outra atividade, decisões do Conselho, etc. Existem muralhas intransponíveis, contra as quais a gente se bate e elas nos tornam mudos. Mas esta parede que Abdel encontra em seu caminho, vai fertilizá-lo. Como a lei, é ela que lhe permite falar. Não existe vida coletiva possível sem uma passagem pela palavra.

- *Sair da relação dual?*
Ninguém duvida que eu represento um certo perigo para Abdel. Ele que ataca todo mundo, provavelmente está se defendendo de uma ameaça que pode engoli-lo. Um dia, em meio à surpresa geral, e à sua própria confusão, ele me chamou de "mamãe". E eu havia separado, numa de suas redações, esta frase surpreendente: "Ouvíamos o vento, os insetos, os matinhos que falam ao sol, os moluscos que estão em boa forma para serem comidos, e as plantas carnívoras". Medo de ser devorado?

A pior das violências não é ser aprisionado no desejo de um outro, condenado ao mutismo e à impotência, porque confundido com o outro ou com a mãe, sem possibilidade de dizer "eu"?

Talvez eu também me sinta ameaçada por Abdel. Ele anunciou no Conselho, que preparava a recepção para os correspondentes, que não traria nada para a festa.

— Na minha casa eu tenho o que comer, acrescentou.

Irritação. Na minha casa eu tenho o que comer, isto é: aqui eu não quero nem pegar nem dar, eu rejeito. Sou eu que me sinto rejeitada? A comida que trago é assim tão ruim? Abdel me envia ao encontro da desagradável imagem da mãe má. Como sair do duelo? Este jogo da exclusão, através do qual Abdel rejeita os outros e procura se fazer rejeitar, talvez seja apenas a encenação de um pedido de amor. O tigre de sua capa de jornal está envolto na seguinte declaração: "Meu jornal é consagrado a vocês". Qualquer que seja esse "vocês", a turma ou o professor, neste caso trata-se de amor. Mas este amor repete indefinidamente o duelo primitivo onde combater quem se ama não permite que nos afastemos. Somente a intervenção de um terceiro termo permitiria outra coisa sem ser a guerra. Ora, neste ano, a lei fundamental[1] não foi escrita. Progressivamente, as instituições e as mediações representaram este papel de terceiro termo. Mas, na falta deste apoio, Abdel pode fugir por mais tempo ao confronto com sua própria imagem.

- *Abdel ou a arte de sair pela tangente.*
Algumas situações embaraçam Abdel:

---

1. Lei fundamental: a que obriga os alunos e o professor a passarem um certo número de horas num determinado local para trabalharem juntos (cooperativamente).

— Quando é que a senhora vai tirar o cartaz dos níveis? ele me perguntou um dia.

Fiz testes de nível em diferentes domínios, no começo do ano. Os resultados são indicados por tachinhas coloridas num cartaz. Este cartaz incomoda Abdel e o expõe. Ele não pode blefar sobre suas *performances* em francês. Não tendo conseguido refazer os testes em seguida, acabei tirando o cartaz.

Fiquei também muito impressionada com a continuação do texto que Abdel inventou na passagem de "Black Boy" na qual o narrador, Richard, então com seis anos, deveria enfrentar uma gangue muito agressiva. Sua mãe o havia mandado fazer compras: assim que ele saía de casa, a gangue batia nele e roubava seu dinheiro. Richard, na história de Abdel, conseguia enganar o bando, conseguia evitá-lo e voltava para casa dizendo para sua mãe que tudo tinha se passado muito bem. Ela o mandava então buscar pão. O medo de um confronto real desaparecia: como por encantamento, o bando se tornava amigo.

Se esquivar é também toda uma série de comportamentos clássicos: quando o professor principal da turma convoca seus pais, Abdel responde que só sua mãe pode vir e que ela não fala uma palavra de francês, o que não é verdade. Segundo a colega, no dia do encontro, Abdel se mostra totalmente submisso à sua mãe e ao mesmo tempo tão astucioso, que faz dela o que quer.

Um dia, ele chega a trazer um falso texto livre que dará para um outro ler. Evidentemente ele copiou um texto de ditado do primário. Eu falo isso a ele: sorriso sedutor. Ele procura ser descoberto? Algum tempo depois teve a idéia absurda de aprender como declamação "as dificuldades de Paris". Ainda um texto dos anos anteriores. Lembro simplesmente minhas exigências, pensando ao mesmo tempo que "as dificuldades" significam sem dúvida para Abdel o fato de ele estar em dificuldade, muito mais do que os engarrafamentos de Paris.

• *Não ser visto... esperando ser visto um dia.*

No final do segundo trimestre, Abdel escreveu uma redação na qual aparece a necessidade de ser visto: é o único meio de achar a saída. O medo está sempre presente, é preciso se esconder. Mas esta atitude não leva nada.

> *"Eu seguia o muro, depois vi uma brecha que era bastante profunda. Depois entrei pela fenda e me encontrei numa gruta bastante estranha. Depois andei seguindo pegadas muito grandes. Eu estava cansado, adormeci. Eu tinha medo, porque nunca se sabe o que pode acontecer. Despertei. Tudo se passou muito bem e continuei a andar, vi vários esqueletos. Depois ouvi um grito muito forte e me*

escondi. Era um monstro que passava na minha frente, mas felizmente ele não me viu, porque senão teria me devorado de uma só vez. Ele estava indo pro seu canto para dormir. Eu tentava encontrar uma saída, mas não vi nenhuma que fosse. Comecei a ficar preocupado, pois tinha fome e sede. O monstro passou novamente ao meu lado. De repente uma pedra caiu. Ele se virou e me viu. Eu fugi, ele me perseguia e eu vi um pouco de claridade. Era uma saída. Fui depressa em direção a ela. E voltei para casa e contei para a minha família o que tinha acontecido. Foi uma grande aventura, com muita sorte."

É em maio, então, que ele tenta uma nova simulação que não engulo: ele não aprendeu um poema. Ele pega o texto que Jean-Claude escolheu ("Les grandes familles", de Prévert, fácil de guardar), aprende o poema e pede para ser interrogado. Eu recuso, já que não foi ele quem procurou o texto. E quando pergunto quem não fez o trabalho, ele faz Flávio dizer que ele aprendeu um texto. Eu lhe digo então para parar e que simular não é a maneira que Flávio usa para fazer as coisas. Que se esta é a sua maneira, não deve impô-la aos outros. Flávio aprova, e Abdel, visivelmente tocado desta vez, não responde nada. Por que neste dia se sentiu atingido? Isto quer dizer que se tornou acessível? Desta vez eu não evitei o confronto, mas isso não se passa de igual para igual, cara a cara: realmente eu o pego em falta, não porque ele está blefando, mas porque fala pelos outros. O que vai contra as regras da turma (cada um é responsável por si, cada um diz o que faz), contra a história da turma: o que se aprende no Conselho, num trabalho cooperativo, pelo Teatro do Oprimido, é precisamente falar em seu nome próprio.

• *Frente à violência, instituir.*

Foi no final do ano, depois de tudo, que vi o risco que corri com a 5ª 3. Abdel foi a repetição de Myriam, que na 6ª 9, no primeiro ano em que eu tentava fazer alguma coisa parecida com a P.I., sabotava tudo ou quase tudo o que eu introduzia. E não pude me defender dela. Myriam representava o mesmo papel que Abdel na turma. Mas na 5ª 3 alguma coisa começou a funcionar, alguma coisa que os alunos não deixaram Abdel destruir. Como foi que isso aconteceu? Sem dúvida, foi no segundo dia do Conselho que a tentativa de Abdel de influenciar a classe fracassou: a instituição Conselho foi o obstáculo[2].

---

2. "A instituição preenche uma função de frustração do desejo imediato e incondicional. O que deixa lugar para a ação, o trabalho do pensamento, para as relações com os outros", J. Pain, *P.I. et formation.*

Ele é criticado, pode se defender, mesmo que neste dia só tenha tomado a palavra para atacar também.

A classe descobre seu poder de instituir, que lhe permite se defender das tentativas de hegemonia de alguns. Instituir regras aparece como o único meio de escapar à lei do mais forte. Fiquei sabendo, aliás, na reunião de pais, logo depois do feriado de 1º de novembro, que Júlia — freqüentemente em conflito com sua irmã — estabeleceu com ela regras para viverem juntas. Júlia pregou estas regras no seu quarto.

• *Abdel e as regras.*

Como para muitos alunos do colégio, é na sua relação com as regras, com a lei, que Abdel é "trabalhado". É evidente que no começo da oficina de teatro, ele busca por todos os meios infringir as regras dos jogos propostos por Bernard. Por exemplo, quando há alguma coisa para adivinhar, ele quer de qualquer maneira dar a solução para os outros. No dia em que Bernard decide que vamos ficar na classe durante o recreio, ele tenta escapar, reclama, acaba cedendo e em seguida se recusa a apresentar com seu grupo o *sketch* que preparou. Mas quando Bernard vem participar do Conselho, Abdel o intercepta no corredor e lhe explica que existem regras, que ele deverá pedir a palavra e que não poderá falar quando quiser. Esta advertência, que Bernard me contou em seguida, prova que se Abdel respeita pouco as regras, admite que elas existem. Talvez a recusa das regras em Abdel seja uma recusa em ver seu poder infantil limitado, uma maneira de evitar a castração.[3]

• *Intervenções mais positivas.*

Eu mesma impus limites que poderiam parecer arbitrários: Abdel e Martin haviam pedido para cada um presidir um Conselho, e eu disse não, quando não existe nenhuma regra que fixe condições para ser presidente. No final do segundo trimestre, Martin renovou seu pedido e aceitei. Mas como ele não havia preparado nada, ficava de mau humor se fazendo de idiota, foi Abdel, junto com Flávio, que o criticou ferozmente:

— Está vendo como você é? Você diz que faz e depois dá nisso!

Durante este Conselho, porém, Abdel não se contentou em criticar. Ele quis ajudar Martin, que para preparar a recepção aos

---

3. Cf. C.C.O.I., p. 686: "É bem possível que com freqüência, e cada vez mais, a única verdadeira necessidade que não tenha sido satisfeita a seu tempo seja uma necessidade de frustração (de castração simbólica, diz o psiquiatra), o primeiro desejo, o desejo de fusão imaginária com uma mãe fantasma deve ser para sempre interdito para que a criança progrida e chegue à cultura".

correspondentes se atrapalhava um pouco nas tarefas e nas responsabilidades.

— Para ter certeza [do que cada um faz], propõe Abdel, é preciso reler tudo, e o responsável pelas anotações deve marcar tudo em seguida.

Mas esta intervenção destinada a facilitar não foi ouvida. Eu a anotei, mas nem tenho certeza de ter reformulado sua idéia durante o Conselho. E quando Martin foi para o hospital, no terceiro trimestre, Abdel faz calar aqueles que se divertem repetindo sem parar: "Martin está no hospital". Intervenção estúpida, mas eficaz e oportuna.

- *O trabalho escolar.*

A noção de progresso sempre me fez sonhar. Impossível falar numa evolução linear ou regular no trabalho de Abdel. Seu primeiro trabalho na oficina do C.D.I. não deu certo. Ele tomou algumas notas sobre Jacques Brel e quis gravar sua apresentação de Brel no cassete. Como estava inaudível, pedi que ele refizesse. Falta de coragem. Abandono.

Para o jornal, ao contrário, ele constituiu um grupo para fazer um artigo sobre Bob Marley. O artigo foi terminado e publicado, mesmo que o resultado estivesse longe de ser satisfatório.

O momento decisivo para Abdel — ou em todo caso, muito marcante — foi talvez a constituição dos grupos de ortografia em torno de um aluno que fosse bom nesta matéria. Abdel se associou então a Stéfano, aluno terrivelmente sério e solitário, fechado em seu silêncio atrás dos óculos de grossas lentes. Associação surpreendente que iria durar até o final do ano.

Stéfano tem bons resultados escolares e às vezes escreve textos ótimos. Em contato com Abdel ele se descontrai, chega até a rir abertamente. Abdel tenta trabalhar, e se decide às vezes a usar ferramentas: dicionário para fazer uma redação, ou enciclopédia no C.D.I. No terceiro trimestre ele muda de lugar, vindo com freqüência perto da minha mesa, como se o espaço tivesse se tornado menos ameaçador. Mas isso não quer dizer que tenha havido um milagre. Alguns dias, quando não quer fazer nada, ele irrita todo mundo, recomeça a falar alto, se faz rejeitar por aqueles com quem estivera trabalhando. O último Conselho de classe se opõe a que ele passe para a 4ª. Abdel escolhe então o exame de recuperação, acreditando sem dúvida que o seu valor (e não os professores em comissão da recuperação) terá a última palavra. Como foi reprovado, ele se torna grosseiro, parasita, violento ou debochado, de acordo com o momento. Ele pretende escrever um texto com Francis e Nicolas: acaba roubando o rascunho...

- *Quem terá a última palavra?*

"Você tem razão" murmurou Abdel quando lhe passei um castigo por ter me jogado um papel com toda a violência quando me virava. É evidente que no dia em que Bernard vem para fazer com a turma o balanço deste trimestre de teatro, Abdel quer ter a primeira e a última palavra. Bernard colou um cartaz com a palavra "oprimido", e pede a quem quiser que venha escrever o que significa ou o que esta palavra evoca agora para eles. Abdel virá escrever a primeira palavra e quando Bernard marca o final com um traço, ele ainda sai do seu lugar para escrever FIM.

Ele veio escrever sucessivamente:
— Teatro dos encontros.
— Estar em grupo.
— Fazer rir.
— A PALAVRA.
— Trabalhar em cima de uma idéia.
— Fazer um papel cômico.
— Supor alguma coisa.

Ambivalência ainda, mas no meio: A PALAVRA, em maiúsculas. No último Conselho ele grita que se recusa a pagar o jornal da classe, sem dizer se conseguiu vender. E anuncia que não virá à recepção dos correspondentes, como não veio à primeira saída.

Mas veio ao encontro com os correspondentes, participando das atividades sem provocação e sem procurar o vedetismo. De manhã eu lhe disse como estava contente por ele ter se decidido a vir e no final da tarde constatei, surpresa, que não o havia notado durante todo o dia. Como se finalmente ele tivesse aceito um lugar comum, nem mais nem menos que os outros.

- *O último dia.*

Cruzo com Abdel num corredor quando a 5ª 3 desce para devolver seus livros. Ele não subiu para a sala, preferindo jogar futebol no pátio. Ele me dá como pretexto o fato de que achava que eu estava ausente. Peço-lhe então que preencha o questionário de balanço que fiz os outros preencherem. Ele quer fazer isso no pátio. Eu insisto para que ele o preencha imediatamente, ali mesmo no corredor, mas ele se recusa. Mas me parece que desta vez sua recusa não tem o mesmo significado. Ainda lhe é necessário dizer "não" a um pedaço do que eu estou pedindo, para poder dizer "eu". Ele preenche o questionário, mas impõe suas condições. Traz-me o papel um pouco mais tarde. Nele escreveu que o que mais o marcou foi a visita aos correspondentes.

Abdel salvou, então, sua pele. Participando do encontro com os correspondentes, não foi diante de mim que ele se inclinou. Ele

não estava me concedendo nada. Apenas ele estava fazendo parte da turma. Se alguma coisa se modificou em Abdel durante este ano, foi provavelmente o lugar que ele ocupava na classe. O fora-da-lei se integrou momentaneamente ao grupo e adquiriu direito de cidadania. E, no entanto, ninguém o obrigou a isso.
- *Abdel me incomoda.*

Abdel, de uma certa maneira, me violenta. Por seu comportamento, sua palavra, seus textos, é a questão de uma violência original que ele me propõe. Há neste caso a história antiga e presente de cada um. Violência para se vingar, diz Abdel. De que amor ferido? Nossa existência se deve primeiro ao desejo de um outro, ao desejo dos pais. É a quebra necessária, violência fundadora que dá acesso ao "eu", que deixou traços sem dúvida muito vivos. Escrever a propósito de Abdel, não é fazer um estudo de um caso. Nenhuma intenção de descrição psicológica. Abdel continua opaco, vivo.

O que se esclarece neste trabalho é antes de tudo o que nossas "boas" intenções pedagógicas subentendem. Mais do que um pretexto, o aluno que me importuna é o suporte de representações que preciso identificar.[4]

É possível que Abdel represente a criança imaginária, todo-poderosa, que cada um de nós foi e que nunca terminamos de matar.[5] A recusa escolar de Abdel bem poderia ser uma recusa em fazer o luto desta criança. Não se renuncia tão facilmente à imagem de uma criança maravilhosa e amada. "Eu, eu, eu", parece repetir Abdel, como se não pudesse deixar o lugar que ocupou um dia, ou melhor, como se ele não pudesse deixar um lugar para o outro sem correr o risco de desaparecer. A imagem plena e perfeita que ele tem de si próprio é desmentida sem cessar pela realidade de suas relações, de seus resultados escolares. São as instituições e a classe que o obrigam a abandonar o "infante": aquele que explode porque não fala.

---

4. "Antes de colocar em funcionamento novas estruturas, modificando as relações de cada um com o saber, talvez seja necessário se perguntar de que, para nós, são os alunos o suporte ou os representantes e que funções ocupam", M. Exertier, *Maintenant la pédagogie institutionelle*, p. 259.

5. "Há para cada um, sempre, uma criança a matar, um luto que se tem de fazer e refazer continuamente de uma representação de plenitude, de gozo imóvel, uma luz que se tem que cegar para que ela possa brilhar e se extinguir no fundo da noite. Quem não faz e refaz este luto da criança maravilhosa que teria sido, fica no limbo e na claridade leitosa de uma espera sem sombra e sem esperança. Mas quem acredita ter de uma vez por todas acertado as contas com a figura do Tirano, se exila das fontes do seu gênio e se tem por um espírito forte diante do reino do gozo", S. Leclaire, *On tue un enfant.*

- *Um fantasma do professor?*

Ora, o assassinato da criança (fantasma indeterminado em sua formulação: não sabemos quem mata, nem qual criança) me parece estar no núcleo do trabalho do professor. Que se pense nas expressões correntes como "a jaula das feras", "descer para a arena", evocando um cenário de morte, ou na vontade de certos professores de reduzir ao silêncio, de quebrar os recalcitrantes, domar os teimosos. Ambigüidade fundamental, assim me parece no final deste trabalho, no ato de educar: não há um risco de confusão entre o assassinato a ser sempre refeito da criança que fomos e a dos alunos? Querer que eles cresçam é lhes pedir que renunciem à criança que existe neles. É por este preço que se pode falar e desejar.

- *Como epílogo.*

Palavra emparedada. Quais são as classes, as horas de curso, onde os alunos têm a possibilidade de analisar o que lhes acontece e de falar sobre isso? O único recurso que o conselho de classe achou bom constituir foi logo compreendido como insuficiente: delegar sua palavra não é falar, e além do mais, o essencial do que eles têm a dizer é rejeitado, proibido por uma regra de ouro: não se deve criticar os professores.

A violência é um discurso da recusa. Frente a esta situação, parece urgente criar lugares e tempo para a palavra. Inventar estratagemas para que seja dito, ou às vezes escrito, o que não vai bem. Mas sem ingenuidade não se trata de cair numa ideologia de consenso, acreditar que falando todo mundo vai ficar de acordo. Mas, ao contrário, é preciso levar em conta os conflitos e organizar os meios para sua resolução. Isso necessita de um trabalho do significante e um trabalho do institucional, dois aspectos essenciais do que para mim aconteceu na 5ª 3, apesar dos exercícios aliás bastante tradicionais e uma organização do escolar que não tem nada de exemplar.

A escola morre de infantilismo, da falta da palavra, da falta do desejo. A violência do sistema escolar, que tritura adultos e alunos, só pode ser freada pela violência da lei e da palavra. A pedagogia institucional procura não fazer mal. Mas isto não significa que ela seja inofensiva. Posto contra a parede, cada um pode decidir ou não a pagar o preço do seu desejo.

TERCEIRA PARTE

DA VIOLÊNCIA SELVAGEM À VIOLÊNCIA SIMBÓLICA

"Todo poder — mesmo legítimo — que não é ordenado para a realização da promessa que a lei esconde e intermedia é violência, e só procura produzir a imagem de si mesmo sob pretexto da lei."

Denis Vasse
(La voix qui crie dans le desêtre)

A sobrevivência na escola, hoje, passa por uma mudança de perspectiva. Sair da alternância euforia-depressão supõe que se ultrapasse os termos do problema: é somente a partir do momento em que o professor deixa de pretender dominar a situação — negando de alguma maneira a realidade que coloca em xeque o seu empreendimento — ou de se deixar dominar completamente pelos problemas que encontra — projetando numa sociedade utópica a sua solução — que alguma coisa é possível.

Só quando se leva em conta a realidade em toda a sua dificuldade, com todas as suas contradições, se pode articular proposições e elaborar projetos. A escola sonhada não existe mais ou não existe ainda. Resta uma instituição e pessoas que aí se reúnem para trabalhar. Todo um conjunto de forças que é possível desmassificar, reduzir, para que elas não fiquem mais mobilizadas nestas condutas fracassadas. Mas que, liberadas pela formulação de perspectivas diferentes, permitam o acontecimento de novas situações. Deslocamento que não traz uma solução global aos problemas da escola e da educação, mas que pelo menos permite resistir e sobreviver e vai colocando setas em direção a uma nova educação.

Esta mudança de perspectiva já foi feita por outros antes de nós. Já Freinet, a partir de 1920 apelava para uma "verdadeira revolução"[1] na aproximação da turma e dos problemas de aprendizagem, e estabelecia, em intenção daqueles que quisessem trabalhar neste sentido, "uma nova gama de valores escolares"[1]. O que permite esta "revolução", é a invenção de técnicas (textos livres, impressão, jornal escolar, correspondência, saídas, etc.) e ao mesmo tempo uma maneira diferente de considerar a criança. São as técnicas que permitem ao professor não ser mais o centro único da classe, o ponto para o qual convergem olhares, palavras e trabalhos. São as técnicas que permitem abandonar a "escolástica", a primazia do verbal em proveito de produções realizadas pelas crianças e centradas sobre seus interesses. São as técnicas que tornam necessárias a organização e através dela estabelecem a diciplina e definem as liberdades "de trabalho, de movimento, de expressão". São as técnicas que fazem nascer as redes de relações, a cooperação, a ajuda mútua. A partir de então, a escola não é mais uma corrida de obstáculos em direção a uma vida futura, mas lugar de vida e trocas. A escola não é mais um local fechado às regras de vida e de trabalho específicos, mas um espaço aberto sobre a vida, para a vida. Ela não é mais um lugar de transmissão oral do saber pelo mestre, mas um lugar de apropriação do saber e do saber fazer de cada um, de acordo com seu caminho e os desejos que o meio educativo e as múltiplas relações nas quais está envolvido despertam nele.

A partir de então, a criança não é mais um ser diferente do adulto, para o qual convém constituir um verdadeiro universo pedagógico

---

1. Freinet, *Pour l'école du peuple,* Maspéro.
2. Aida Vasquez, Fernand Oury, "L'école paternelle", in *Recherches,* n.º 5.

à sua medida, esperando que ele seja capaz de chegar às realidades deste mundo. Mas a criança é um ser "da mesma natureza que o adulto",[1] como ele pertencendo inteiramente a uma comunidade.

É igualmente uma escola onde o desejo é reencontrado, que querem fazer com que aconteça F. Oury e o Grupo de Técnicas a partir de 1958. E para fazer isto, eles sublinham — ao lado da dimensão das técnicas —, da produção, da organização que Freinet desenvolveu —, há a necessidade de levar em conta duas outras dimensões: "o grupo e seus efeitos" e "o inconsciente"[1].

Trata-se de não negligenciar o que podem trazer as ciências humanas para a análise das situações pedagógicas. Trata-se também de reconhecer o que faz a característica das escolas urbanas: o fato escola-caserna, com o qual é preciso contar se quisermos definir "o que desde já é possível"[2], se quisermos fazer da escola um "meio intermediário entre a família e a sociedade dos adultos". Reconhecer o fato escola-caserna é reconhecer que na escola urbana atual não se fala verdadeiramente. "Quem tem a palavra? O aluno? O funcionário subalterno? Onde encontrar o adulto poderoso, livre e responsável por seus atos que imponha esses atos, e para além das regras, impõe às crianças uma lei, uma lei aceita porque é reconhecida como útil e aceitável, lei que respeita a vitalidade e a atividade das crianças?"[3]

Numa tal escola, o único meio de sobrevivência é ver como é possível ao professor "se comportar como adulto livre em seus métodos e responsável por sua ação"[4].

É esta interrogação que perseguimos, mais especialmente no nível dos colégios, num momento onde a denúncia da violência seja talvez a nova imagem assumida pela "conspiração do silêncio em torno da escola-caserna"[4].

---

3. "Genèse de la coopérative," *L'Educateur,* n.º 9, 1982.

4. G.E.T., in *Recherches,* n.º 15.

CAPÍTULO SEIS
NÃO SE ENGANAR COM AS QUESTÕES

> *Outra coisa é possível. Tão longe do autoritarismo tradicional quanto do descompromisso das escolas de sonho (e certamente não entre as duas!). Sob que rubrica devemos classificar Freinet e a pedagogia institucional?*
> *Direcionada, a expressão livre, esta liberdade total do imaginário? Não direcionadas, as regras da gráfica? Permissiva, a disciplina da desordem? Libertária, esta classe onde cada um obedece às leis? Autoritária, o professor que se submete às decisões comuns? Repressiva, esta possibilidade permanente de institucionalização?*
> *Por que devemos classificar? A que corresponde esta preocupação em fechar em categorias?*
> *E se se tratasse apenas de continuar Freinet?*
>
> "Gênese da cooperativa", novembro de 1981
> (in L'éducateur, n.º 9, 1982).

1. Autoridade, disciplina, poder

A primeira mudança de perspectiva consiste em não deixar repousar o sucesso (o fracasso) do empreendimento pedagógico sobre a autoridade de que o professor é naturalmente dotado, sobre a disciplina que é capaz de fazer reinar ou não na classe.

A conjuntura, é verdade, obriga a isso: diante de classes cada vez mais difíceis, a autoridade está cada vez mais ameaçada, às vezes até anulada. Aqueles que apesar de tudo conseguem mantê-la, mesmo assim não estão satisfeitos. Se a ordem reina "como antigamente", o trabalho e os alunos "não são mais o que eram". Aqueles que não têm graves problemas de disciplina, se queixam de ter alunos comportados, é verdade, mas sem iniciativa e sem interesse. Alguns, cada vez mais numerosos, escolhem deliberadamente as classes difíceis, para tentar aí alguma coisa nova. Estes já mudaram de perspectiva. Compreenderam que freqüentemente, abafando a desordem e a insubmissão, na verdade é a vida que se está sufocando. Eles compreenderam que se colocar no terreno da imposição da força, é aleatório. Ninguém garante jamais que amanhã serei o (a) mais forte. Tudo está recomeçando sempre e o esgotamento leva a melhor neste combate incessante. A questão que se coloca aqui não é então a dos meios para afirmar sua autoridade e seu poder diante da turma.

Trata-se, isto sim, de tornar possíveis para cada um a vida e o trabalho, de despertar em cada um o poder de fazer: poder que se reduz por não ser mais o atributo unicamente do professor. Que se reduz também para cada um, à medida que se abrem ocasiões e campos de atividades e trocas.

Introduzir esta dimensão do fazer é sair de um face a face que freqüentemente leva a uma confrontação, para se encontrar em torno de atividades comuns. A partir do momento em que se considere que alunos e professor estão ligados a tarefas comuns, o esquema dual está quebrado. Não existe mais aquele que impõe e aquele que deve obedecer (ou que se revolta). Mas indivíduos que, cada um com suas características, se organizam para levar um trabalho a bom termo. Não há mais alunos submissos e aqueles que ousam se revoltar contra o mestre, mas indivíduos que cooperam e outros que, por comprometerem esta cooperação, são alvo de críticas não apenas do professor, mas do grupo. Não há mais a ordem ou a desordem, dependendo do "pulso" do professor e da maior ou menor docilidade dos alunos, mas uma disciplina livremente consentida porque nascida da organização do trabalho.

2. A lei fundamental, ponto zero das coordenadas da classe cooperativa

O ponto inicial desta organização é o que chamamos de *lei fundamental*.

Presente a todo momento no espírito do professor, lembrada aos alunos quando necessário, até mesmo inscrita como referência comum sobre um cartaz, ela envia ao que reúne estes indivíduos neste lugar, neste tempo. Ela fixa os limites no interior dos quais vão se exercer os poderes de cada um. Não há mais casos de emprego de tempo com conteúdo programado sem o interesse dos alunos. Não há mais situações previstas, repetitivas, não desejadas. Há um apoio com o qual se pode contar, uma seta última que permite descobrir, no interior deste quadro, um campo para o desejo e as atividades imprevistas, sempre novas, já que os que as executam nunca são os mesmos.

Este apoio, esta seta, é o que garante o lugar do professor, e o libertará, pouco a pouco, da "manutenção da ordem", à medida que forem tomando lugar atividades e regras de vida, e que ele for acompanhando os alunos na organização do trabalho e nos aprendizados. É também o que faz com que, experimentando abrir novos caminhos, questionando certas dimensões do sistema escolar, o professor assim mesmo execute aquilo para o qual está sendo pago, aquilo que os pais e os alunos esperam dele. Simplesmente ele escolhe caminhos diferentes para fazê-lo, mas marca pelo enunciado da lei fundamental, que está consciente dos limites nos quais se inscrevem sua ação e as atividades da classe, que ele reconhece a obrigação escolar e presta conta da presença e do trabalho dos alunos. O que não quer dizer absolutamente que ele representa um papel de "cão de guarda", mas simplesmente de que leva em consideração as leis exteriores a que está submetido assim como seus alunos. Não é porque existe aquilo que é fixo e imutável, que as coisas deixam de ser possíveis. Muito pelo contrário, é somente quando se reconhece o que é fixo e imutável (relativamente falando), que se abre o campo do que se pode mexer, mudar, tornar objeto de negociações, de proposições.

Pouco a pouco, não há mais o professor que "faz reinar a ordem na sua turma", mas uma lei comum que designa um lugar comum e um campo de atividades comuns no interior do qual são possíveis trocas e produções. A partir de então, a classe não é mais um lugar que se tem de colocar em ordem, mas lugar de vida onde a organização das atividades e a elaboração das regras permitem a cooperação.

3. A lei fundamental, condição necessária e não suficiente

Se a lei fundamental é aquilo sem o qual nenhum trabalho pode estar garantido, se ela é indispensável para deixar bem claro que o professor não é a lei, ela não é suficiente para fazer com que aconteça o novo. Ela só leva em consideração o que está estabelecido, e marca o estatuto e a função do professor. Ela não diz nada sobre a maneira como ele vai preencher esta função, sobre os papéis que vai representar na turma. Se ela inaugura a chegada do professor e dos alunos, são as escolhas do professor que preexistem a qualquer trabalho verdadeiro na turma, são as propostas do professor que vão introduzir para cada um a escolha e o reconhecimento de seus poderes. Dito de outra maneira, o desejo do professor é anterior ao dos alunos. Não impor um funcionamento magistral único se desenrolando sempre da mesma maneira não quer dizer deixar vago o lugar do professor.

Se ele não ocupa o seu lugar, os alunos também não encontram o deles. E ele marca seu lugar fornecendo aos alunos setas que irão permitir com que eles se situem, indicando também os limites do poder de cada um. A partir de então, os alunos têm diante de si uma diversidade de escolhas possíveis que permitirão arrumar, modular o espaço, o tempo, o ritmo, os métodos de trabalho e os modos de comunicação. A partir de então os alunos podem dizer o que querem fazer, se inscrever efetivamente no trabalho comum.

4. O lugar do professor: descentrado

É importante precisar bem esta mudança de perspectiva que descrevemos na concepção do lugar do professor. Trata-se de abandonar uma perspectiva de tudo ou nada, onde só pode haver sucesso ou fracasso, bom professor ou mau professor, bons alunos ou maus alunos, onde o poder está com um ou com os outros... Trata-se de abandonar uma concepção onde há sempre pelo menos um rejeitado, um excluído — aquele que não tem seu lugar no sistema ou, quando se trata do professor, aquele que não consegue manter sua turma — para se perguntar o que é possível colocar no lugar, levando em conta a situação atual da escola e de todos aqueles que aí se encontram.

O ponto de vista não está então colocado no professor, dotado ou não de um certo número de qualidades específicas que assegurarão ou não o sucesso do empreendimento educativo, mas no dispositivo que o professor coloca em funcionamento, nos confrontos que este dispositivo permite: entre o aluno e os diferentes domínios do saber e do saber fazer, entre os alunos e entre o professor e os alunos. Nem autoritarismo nem abandono por parte do professor, mas pré-ocupação parcial do campo de trabalho, pela definição de um quadro onde este vai se desenvolver, quadro que leva em conta, é claro, os limites impostos pela realidade da escola mas também os desejos e projetos do professor.

5. Autogestão e delimitação

Sem estes desejos e projetos prévios, não há gestão da classe por ela mesma (os textos precedentes mostram isso claramente). O que quer dizer que para quem visa a autogestão (gestão da classe, do trabalho pelos próprios interessados) uma posição deve ser mantida: a da garantia da lei fundamental e das regras de vida elaboradas no interior deste quadro. E este lugar cabe ao adulto, responsável perante a escola e a sociedade. Somente ele tem a medida da distância que faz a diferença entre professor e alunos, entre formadores e formados, entre o responsável pelo funcionamento de um grupo e membros do grupo capazes de tomar neste grupo responsabilidades parciais. Esta medida da distância não é certamente uma diferença de natureza entre professor e alunos, formador e estagiários. Ela vem da função conferida ao professor, ao formador e/ou do estatuto deste. Se a pessoa do professor pode falhar nesta função de responsável pelo grupo (e talvez criticado pelo grupo por este motivo), ainda assim continua existindo esta diferença de posição para um tempo, um lugar e uma determinada ação. Esta delimitação é necessária a qualquer ato de educação e de formação.

Quase que poderíamos dizer que pouco importa quem mantém esta posição, desde que ela seja mantida. Mas isto seria esquecer que é preciso poder estar investido como tal e, por outro lado, possuir realmente a "medida da distância" obtida, ter — em outros tempos, em outros lugares — trabalhado esta delimitação e o dispositivo que deve ser disparado para que o grupo tenha poder sobre seu próprio funcionamento, e isto respeitando o lugar de cada um.

O que faz então *a medida da distância* não é um estado, uma posição hierárquica imutável, mas é um processo de formação que permite pouco a pouco experimentar os diversos papéis e aprender a manter uma posição. A classe autogerada pelas próprias crianças, todas iguais, todas indiferentes, não é então nosso projeto. Se uma utopia se desenha no horizonte de nossas práticas, não é a de uma escola onde todos os indivíduos sejam equivalentes ou, dito de outra forma, intercambiáveis, mas ao contrário, onde as hierarquizações sejam múltiplas e remanejadas sem cessar (por meio das técnicas de avaliação, tais como os certificados introduzidos por Freinet e as cores/faixas definidas por Oury), para que as diferenças não deixem de se marcar e de se deslocar entre os indivíduos sempre em busca deles próprios e de seu desejo.

6. Combater um monstro: a confusão

É sem dúvida porque não consegue manter esta posição de garantir a lei e o respeito ao lugar e aos direitos de cada um, porque não está investido como tal por alguns do grupo, que Ralph, em *Sa Majesté des Mouches*, de W. Golding, não consegue sair da confusão e impedir a dissolução das individualidades na dança ritual anunciadora do confronto selvagem com um inimigo, que só é inimigo pelo fato de se distinguir da "horda". Consciente da necessidade de manter alguma coisa da ordem de uma lei fundamental que garanta a permanência de uma ordem social, mesmo na ausência de qualquer adulto e de qualquer quadro de vida civilizada, ele não está seguro quanto às exigências da posição que quer manter: algumas vezes ele se atrapalha, perde a memória, afunda na confusão, pouco seguro que está, sobretudo diante da segurança de Jack, de sua medida da distância e da justeza de sua posição. Sua pessoa é falível e nula — se não fosse por Piggy, bem pouco ouvida — que está com ele para ajudá-lo a clarear suas idéias e manter sua posição. O que não é o caso do professor que quer mudar de perspectiva e que para fazer isto não fica sozinho (cf. a Quarta Parte).

Para sair da confusão tirando os jovens junto, o educador deve então se engajar num processo jamais terminado de (trans)formação. Esse processo vai permitir, por um lado estar cada vez mais seguro sobre estes desejos, e por outro lado, sobre os meios que lhe permitirão fazê-los acontecer como projetos, tanto quanto for possível, num determinado momento, numa determinada situação. Estes meios são antes de tudo o reconhecimento de uma lei fundamental que existe antes do grupo, em seguida a afirmação pelo adulto de um desejo existente antes da vinda das crianças, condição *sine qua non* para que elas, por sua vez, tenham acesso a este desejo.

7. Dispositivo, rede, mediações

O professor não manifesta este desejo preexistente (apenas) de uma maneira verbal. Ele o indica através da utilização de técnicas, a colocação da classe no lugar, o grupo, as ferramentas de trabalho. Estes objetos (fichas, cópias, jornais, saídas...) vão servir de mediações entre ele e a classe. Não se propõe mais às crianças que entrem em competição para chamar a atenção e obter a aprovação do professor. Mas a eles são oferecidos objetos e ferramentas de produção que todos podem usar. Se existe rivalidade é por uma espécie de estímulo que os alunos exercem uns sobre os outros neste ato de apropriação dos objetos. Rivalidades, conflitos, não mais a propósito de objetos imaginários (o saber, o amor do professor), mas a propósito de objetos reais.

O interesse fica então deslocado da pessoa do professor para as tarefas e para aqueles que tomam parte nelas (o professor pode fazer parte também, mas será então um entre outros). A classe se torna uma rede de relações e ela própria está inserida numa rede maior através da correspondência, das *enquêtes*, da intervenção negociada com pessoas de fora, as trocas ''comerciais'' de jornais escolares e de produtos fabricados na classe. Desde então, o que determina o investimento de cada um não é a ordem, a obrigação estritamente escolar. É possível experimentar várias atividades, várias responsabilidades, se deslocar em busca de si próprio e de conteúdos de saber e de saber fazer a partir de então desejáveis, porque incluídos num projeto ao mesmo tempo individual e coletivo.

Estas técnicas que funcionam como mediações nesta rede de relações que é a classe são "máquinas de fomentar o desejo" (Jean Oury), são as bases concretas da *pedagogia do desejo* a que pretendemos.

CAPÍTULO SETE
NECESSIDADE, PEDIDO, DESEJO

> *"A LEI está do lado do DESEJO, e o desejo não é o meu prazer..."*
> *"É sempre esta a questão: COMO É QUE VOCÊ SE VIRA COM O SEU DESEJO?"*
>
> Jean Oury

Falar assim de *pedagogia do desejo* nos obriga a alguns esclarecimentos sobre a escolha dos termos. Se falamos de desejo é, se assim podemos dizer, com pleno conhecimento de causa, quer dizer, com referência a uma distinção entre necessidade, pedido e desejo.

1. "Necessidade satisfeita, desejo perdido"[1]

Se na sua época Freinet pôde operar uma mudança de perspectiva, afirmando a necessidade de levar em conta as necessidades da criança, a fórmula não é mais suficiente, sobretudo atualmente quando a análise das necessidades ocupa o primeiro lugar. Falar das necessidades da criança é fazer referência a uma sociedade na qual ela vive e que supõe de seus membros um certo tipo de comportamento (face ao consumo, face ao trabalho) e um engajamento face aos valores que inauguram estes comportamentos. É então se situar no duplo registro do quantitativo, de um lado, da adesão (ou da recusa a uma adesão), e de outro lado o resultado sendo uma maior ou menor adaptação do sujeito considerado. É igualmente se referir a uma concepção que distingue várias idades da infância, e define para cada uma as necessidades primordiais. Tal perspectiva não está muito afastada de uma concepção tradicional do ensino e da educação. As ne-

---
1. Aida Vasquez.

cessidades são analisadas, e uma vez analisadas são preenchidas. Quem melhor que o adulto, o professor, o educador ou melhor ainda que o pesquisador pode preencher estas tarefas? É verdade que com mais freqüência desembocamos num ensino que não é exclusivamente professoral, porque os estudos de psicologia da criança fizeram admitir que o caminho da atividade é o melhor caminho para a aprendizagem. Mas o lugar da criança continua sendo o de um objeto de estudo e é finalmente um projeto do adulto que se impõe.

Estamos longe da solução quando, por medo de impor nosso projeto, deixamos a decisão por conta das crianças. Deixando de fazer a análise das necessidades das crianças, e nos atendo apenas ao que elas dizem, nós as deixamos abandonadas às múltiplas pressões que sofrem e obedecemos a cegos projetos que outros têm sobre elas. Mais vale pretender saber melhor do que elas do que precisam, que se limitar a este papel, aliás impossível, de executante às ordens de um mestre anônimo e multiforme. Dizemos não a esta situação em que as crianças e os professores são escravos, são sujeitados e não sujeitos. Não a esta situação onde, no melhor dos casos, as necessidades são satisfeitas, mas ao preço do desejo perdido. Não a esta violência que faz calar ou um ou outro parceiro e fecha as questões. Numa classe cooperativa, o professor não é aquele que fala no lugar da criança, mas aquele que coloca em funcionamento um dispositivo que garanta o lugar de cada um. O professor não sabe melhor do que os alunos o que eles querem, ele instala uma máquina complexa na qual cada um, uma vez dentro dela, vai poder articular seu desejo.

2. *O trabalho da questão*

É esta máquina que permite a cada um sair da questão (ou da recusa) maciça de ser como o professor, o adulto, e formular múltiplas questões, modificando-se à medida que o caminho for sendo percorrido. É ela quem evita que se responda imediatamente, precipitadamente, à questão.

Mesmo que quiséssemos, a situação atual nos obrigaria a renunciar a isto. Como responder à questão na hora em que reina na escola uma apatia e um mutismo que revelam o não desejo, uma violência que diz muito claramente a recusa em estar aí, e muito mais claramente ainda o desejo de outra coisa? Para qualquer um que não queira se deixar levar por esta falta de desejo, ou se deixar vencer pela violência, só existe uma solução: gastar um tempo para que pouco a pouco este desejo de outra coisa se defina em projetos, e as questões se articulem pouco a pouco de uma forma que possam ser recebidas pelo quadro da escola, dando ao mesmo tempo lugar a cada um. Para quem se recusa a admitir os fracassos e a violência, ao mesmo tempo em que se sente impotente para confrontá-los diretamente, não existe outra solução, a não ser usar um tempo para o desvio, e os meios para que recusa e fracassos maciços se transformem em questões diversificadas levadas por individualidades que ao fazer isso se afirmam e se diferenciam.

Trata-se então de *saber esperar para saber ouvir* o que ficou imobilizado na recusa e na violência. E isto não numa espera passiva, daquelas em que se diz que só o tempo basta para resolver os problemas, mas pela intervenção deliberada e consciente dela própria. Se o tempo é indispensável para a evolução das questões, uma minuciosa organização dos locais e das atividades, uma radical transformação do funcionamento da classe são igualmente necessárias.

A classe não é mais o lugar do saber imposto, assimilado ou não assimilado, não é mais uma peça onde o único papel que se consegue manter com mais ou menos virtuosismo é o papel do aluno. Ela se torna um lugar onde se pode preencher diferentes funções, experimentar múltiplas tarefas, manter papéis diferentes (ser responsável por um passeio, fazer a tiragem do jornal, presidir o Conselho etc.) à medida que isso for sendo desejado e que se sinta capaz de fazê-lo.

Estas atividades e estas funções múltiplas são o detonador de aprendizagens múltiplas ao nível do fazer, e também ao nível de todos os conteúdos escolares que têm relação com as tarefas que se está exercendo, e que a partir de então não aparecem mais como alguma coisa que se tem que sofrer, mas adquirem o estatuto de meios para atingir os fins almejados. A classe se torna então, de verdade, um local de aquisição de competências.

Ela deixa também de ser um lugar onde cada um é etiquetado, classificado, onde julgamento do trabalho e julgamento da pessoa se distinguem mal nos controles exercidos pelo professor. É por ocasião do Conselho que é avaliada a maneira com que foram realizadas as tarefas, como os comportamentos evoluíram, como os papéis foram mantidos, com uma preocupação de não dar ilusões sobre as capacidades de cada um, mas também de inscrever a possibilidade de mudança e de progresso.

A classe não funciona mais como um lugar onde só o professor (seu saber, seu poder) está investido, mas como uma verdadeira rede de relações onde cada um, na medida em que tiver competência, pode receber um pedido de ajuda técnica, onde cada um pode convidar ou ser convidado a participar de um trabalho comum. Um lugar onde, em torno destas tarefas divididas, através da ajuda mútua, laços afetivos podem se formar, pode nascer pouco a pouco uma palavra pessoal.

Um tal projeto de transformação da classe em lugar onde cada um possa evocar o que gostaria de fazer supõe que se garanta, a cada um, um espaço pessoal, "uma zona pessoal de segurança"[2], e também que o espaço da classe apareça como espaço a gerir coletivamente. Ter como projeto que cada um deles, em sua hora, corra o risco de dizer e de inscrever alguma coisa do que o interessa, supõe que se tenha definido o campo sobre o qual eles podem agir e o lugar/tempo onde as decisões são coletivamente tomadas: o Conselho.

É porque este lugar e este tempo existem, porque existem também todas as atividades a propósito das quais se vai falar e decidir, que cada um, pouco a pouco, compreende que pode manifestar na classe o que vai dentro de si, em relação à sua vivência familiar e escolar anterior, e integrar estas vivências no trabalho coletivo. Que cada um, mesmo que não tiver recuperado tudo (será que isso seria possível em um ano, com algumas horas semanais?), deixa uma posição de fracasso maciço e mede em cada matéria o que adquiriu e o que ainda resta a fazer.

É porque a classe é assim pouco a pouco transformada em "atomium"[3] que o espaço coletivo é criado e funciona como espaço intermediário, lugar de elaboração dos projetos, lugar de articulação das questões, lugar para fazer e para falar, lugar para encontrar o outro, em suma, um lugar onde o desejo caminha.

3. *Desejo e inter-dito*

Dar lugar ao desejo, reconhecer o seu e permitir aos alunos chegar ao desejo deles é afirmar que o desejo só existe tomado dentro da linguagem, deslocado em questões sucessivas, que se elas se enraízam todas num desejo primário de satisfação total, só podem se articular porque este desejo continua para sempre insatisfeito. Pretender uma *pedagogia do desejo* não quer dizer colocar no centro da cena o corpo e a sexualidade, mas afirmar que a escola pode se tornar um lugar da palavra, se quisermos levar em conta que somos seres de linguagem.

---

2. Oury Vasquez, *Vers une pédagogie institutionnelle,* Maspéro, p. 70.

3. Oury Vasquez, *Vers une pédagogie institutionnelle,* Maspéro, p. 101.

Trata-se então de não tomar o termo desejo nem no sentido de uma questão sexual, nem no sentido de uma questão de amor[4]. Isto não quer dizer que se negue a existência destas questões, mas que se convida ao deslocamento, para que a aprendizagem possa acontecer. Se há a necessidade de uma distância entre o professor e os alunos, não é um vazio mantido entre os corpos, uma recusa do adulto de se misturar nas relações entre os alunos, um recalque de um desejo de contato. Esta distância é o outro nome da recusa do corpo a corpo, do imediatismo, o outro nome deste espaço intermediário onde as mediações são introduzidas e que é desde então constituída em campo de trocas. Ela é apenas o outro nome de uma vontade deliberada de considerar que na escola o desejo transita pela palavra. É somente neste sentido que podemos reivindicar o *noli tangere,* base de toda educação.

Não tocar, não se tocar, não é ficar surdo às necessidades afetivas, a um pedido de amor, não é ignorar que se é objeto de investimento para os alunos. É saber resistir à sua própria necessidade de amar e ser amado, e responder a questão com propostas de tarefas que permitam deslocar os investimentos da pessoa global do professor para vários outros objetos. É convidar os alunos não a "ser como", mas a "fazer como" aquele com quem se tem vontade de parecer e com quem nos encontraremos através de interesses comuns e tarefas divididas.

Se há uma interdição, não é uma censura de todo desejo — este sendo sempre levado a um desejo sexual —, mas uma condição do desejo: inter-ditar o corpo a corpo é permitir dizer Inter-ditar, é também *dizer* através de projetos, trabalhos, palavras, o que se passa *entre* o professor e os alunos, entre os próprios alunos[5]. Interditar é permitir o acesso ao estatuto do sujeito que fala, é permitir a passagem do corpo da mãe para o corpo social animado e estruturado pela linguagem.

---

4. Como disse E. Schérer em *Emile Perverti,* Laffont.
5. Pochet, Oury, *Qui c'est le conseil?,* Maspéro, p. 386.

CAPÍTULO OITO
VIOLÊNCIA, DESEJO, LEI

> *"E se a primeira coisa — senão a única — a fazer fosse conseguir exorcisar esta vontade de poder total, esta negação de um outro autônomo que o ideal pedagógico esconde tão bem."*
>
> Michel Exertier
> *(Maintenant la pédagogie institutionnelle)*

1. Do selvagem ao simbólico

Responder à violência através de uma *pedagogia do desejo* é ver nela outra coisa além dos atos destrutivos através dos quais ela se manifesta. É escutar o que nela se diz de um desejo de satisfação imediata, total, é procurar o que permitirá passar desta violência selvagem para um comportamento socialmente aceitável, sem com isso sufocar a energia que esta violência subentende.

Na classe, no grupo, cada um vai ter de aprender, antes de tudo, que seu desejo não é a lei. Não se trata aqui de fazer não importa o quê, não importa como, deixando-se guiar pelos impulsos do momento. A lei fundamental é colocada e imposta no princípio como limite ao campo do possível. Outros limites vão funcionar pouco a pouco, à medida que o grupo-classe reunido em conselho elabore as leis de funcionamento do grupo e a organização do trabalho. Os alunos mais barulhentos, convidados a falar, a propor, vão ter de aprender, antes de tudo, a se calar. Convém falar no momento certo e de uma maneira adequada: é preciso tempo para não mais se exprimir passando aos atos, e usar palavras onde reinavam golpes e agressões.

Trata-se então, ao mesmo tempo, de aprender a diferenciar uma satisfação e utilizar a moeda certa. Há na classe um código de relações, um sistema de enunciação legítima e aquele que não os emprega está sujeito à crítica do grupo. Para quem está habituado a funcionar dentro de um imediatismo, esta aprendizagem não se faz sem violência. Violência da frustração, nascida da necessidade de renunciar a um ideal de fusão, onde o desejo é satisfeito antes mesmo de ser formulado. Violência da separação, nascida da existência dentro do grupo de instituições onde a relação de cada um com os outros é falada e regulamentada. Violência da inscrição, que obriga cada um a renunciar a uma imagem mítica de si próprio, para se confrontar com o que é capaz de empreender. Violência da diferença, de agora em diante inevitável entre o gozo sonhado e a satisfação real, entre o eu sonhado e os comportamentos reais. Violência da diferença revelada pela separação e a diversidade das inscrições.

Mas esta violência da lei não existe sem uma contrapartida. Aprender às próprias custas que existem regras de vida na classe e que ninguém pode impor a sua vontade como lei é ter também a garantia de jamais ser submetido à vontade do outro, quer seja ele professor ou aluno. É compreender — pouco a pouco — que cada um aqui tem um lugar garantido, é então sair desta lógica da exclusão da qual a violência selvagem esteve até agora engajada. Aprender às suas custas que a classe é um lugar para trabalhar e satisfazer a certas exigências de qualidade do trabalho. É também, pouco a pouco — já que o trabalho pode ser escolhido, e porque estas exigências são diferentes para cada um — ter a chance de descobrir interesses, de se envolver numa atividade e conseguir êxito, quem sabe justamente onde se havia fracassado. Confrontar-se com a lei é, então, sofrer uma certa violência, mas ao mesmo tempo ela aparece como a condição para que se exerçam poderes divididos e se descubra o consenso progressivamente.

Esta simbolização da violência, através das instituições e das mediações da classe cooperativa, só é possível porque o dispositivo colocado no lugar preserva a energia subjacente nos atos violentos. Não se trata de "domar a fera", introduzir na escola atividades essencialmente físicas que permitem aos indivíduos descarregar sua agressividade, e assim ficar disponíveis para atividades escolares imutáveis. Também não se trata de conceber momentos de entretenimento que sirvam para, momentaneamente, desviar os jovens de suas preocupações, porque isso só serve para atrapalhar sua concentração nos conteúdos escolares. Tais atividades, realizadas apenas para canalizar e descarregar a agressividade, permitem, é verdade, uma simbólica colocação em fôrma, na medida em que chegam a evitar a passagem aos atos violentos (será esse o caso?); mas, ao mesmo tempo, elas ocultam o que se quer dizer com a violência. Elas permitem apenas uma drenagem, mas sem secar a fonte; somos então condenados a repetir estas atividades sem cessar, se quisermos manter um certo estado de calma nas pulsões.

Completamente diversa é a perspectiva da pedagogia institucional. Mesmo que se trate de canalizar a energia da libido, não é somente deslocando seus lugares de expressão, é barrando-a, contendo-a de maneira tal que as vias de passagem subsistam. Em vez de gastar esta energia para poder trabalhar, trata-se de designar as tarefas escolares como objeto de investimento. Não é o caso de deslocar as dificuldades canalizando a energia destruidora em direção a certas dificuldades, mas de deslocar "a energia do desejo na direção indicada pela lei"[1]. O professor da classe cooperativa não se dirige a espíritos liberados por um saudável gasto físico. Ele se dirige a seres humanos feitos de "carne, pele, sopro, emoções, movimentos e fantasmas"[2], e organiza as atividades e o grupo-classe para que isto possa ser dito "em linguagem ordenada que é a expressão justa". Ele permite a cada um colocar em jogo os seus fantasmas, nessa busca dos seus objetos de interesse. Ele permite remanejar pouco a pouco suas identificações, experimentando diversos papéis e encontrando nos outros as imagens de si mesmo. Os fantasmas não são desviados, evacuados, mas são recebidos por uma mediação apropriada.

2. Matar a criança em si

Os alunos não são os únicos a sentirem a violência da renúncia ao imediatismo, a violência da diferença. E para que eles possam viver esta situação de simbolização de uma violência até então selvagem, é preciso que o professor também tenha percorrido este caminho antes.

O adulto, assim como a criança, também é habitado por esta nostalgia do prazer da fusão e do poder total. Essa nostalgia toma para o professor a forma de uma dupla ilusão: a de ser ele investido de todos os poderes, de saber tudo face a um ser novo, despossuído e instalado numa dependência total. É verdade que raramente ela é enunciada como tal, mas é ela quem alimenta o fantasma de uma educação científica que chegaria a controlar todas as variantes do ato educativo, e logo atingiria certamente seus objetivos. É ela quem guia aqueles que acreditam saber melhor do que os próprios alunos o que é bom para eles, aqueles que se propõem a responder às solicitações dos alunos.

---

1. Denis Vasse, *in Approches,* n? 31
2. Françoise Dolto, prefácio de *Vers une pédagogie institutionnelle.*

Se não localizamos esta dupla ilusão, corremos o risco de não suportar os comportamentos dos alunos que despertam em nós desejos infantis insatisfeitos: oscilamos então entre uma repressão que faz calar neles o que recusamos em nós, e uma complacência que se esgota por não chegar a satisfazer a falta por demais gritante. Se não localizamos esta dupla ilusão, corremos o risco de ver os alunos apenas como outros semelhantes, a quem se recusa as satisfações que não se teve, ou a quem se apressa em tudo satisfazer, sem ter tempo de se perguntar se este era seu desejo. Se não reconhecemos em nós a criança sempre presente, corremos o risco de falhar no encontro com seres diferentes, diferentes da criança que fomos, da criança que queríamos ter sido — ou semelhantes demais à criança que fomos. Se não reconhecemos em nós o ser infantil que continua a reclamar "tudo, imediatamente", corremos o risco de matar, talvez não os alunos, mas pelo menos seus desejos, substituindo esses desejos pelos nossos.

Somente aquele que trabalha sem cessar para admitir em si este afastamento sempre mantido entre o desejo e a satisfação, entre o desejo e as sucessivas questões nas quais ele se articula, pode chegar à palavra e permitir aos alunos fazê-lo.

3. Dar lugar ao outro

Aquele que se aplica a esta tarefa impossível que é a educação tem de se confrontar com uma exigência temível: admitir em si ao mesmo tempo a violência das pulsões e a violência da lei que impõe a estas pulsões a passagem pela via da linguagem. Se desprender sem cessar das imagens aprisionadoras de si mesmo e do outro, para tentar ouvir o que se diz nos gestos e nas palavras de cada um. Renunciar a moldar os seres à sua imagem, para se consagrar a um trabalho intersubjetivo, onde cada um se define no jogo das identificações/diferenciações com o outro. Renunciar a ser a lei para empreender a criação da lei com seus alunos.

Uma semelhante tarefa de renúncia, de delimitação, de diferenciação, jamais estará terminada. O lugar do Outro está sempre ameaçado. É possível progredir no manejo das ferramentas e das técnicas, no esclarecimento do seu projeto, na escuta do que se diz. Mas a repetição espreita aquele que deixa de talhar a pedra, a surdez espreita aquele que deixa de trabalhar a escuta, e acredita rápido demais ter descoberto o que se diz. Quando os locais da palavra existem numa classe, sempre se fala de maneira imprevisível. A quem falta um instante de atenção, só percebe o que já é conhecido.

Aceitar a violência da palavra, a violência da lei, a violência da diferença, é aceitar o engajamento num processo de formação sem fim. Aqueles que trabalham no sentido da pedagogia institucional, sabem que estão se engajando na via de uma pedagogia inacabada, cujos princípios fundamentais se atualizam sob formas variáveis, que convém retomar e renovar. Esta reinvenção das soluções locais preserva a pedagogia institucional do dogmatismo e permite que no correr dos anos, o novo possa acontecer.

QUARTA PARTE

DO CÃO DE GUARDA À GARANTIA DA LEI: UMA ESTRATÉGIA DE FORMAÇÃO

Para ser capaz de enfrentar a violência da qual falamos, tratá-la com a atenção e o cuidado com que deve ser tratada, algumas condições devem estar reunidas. Nós as reunimos com uma fórmula:
Libertar-se para educar.
Libertar-se é antes de tudo se liberar. *Qualquer conversa com um professor reflete hoje em dia uma espécie de impotência na qual nos sentimos presos, círculo vicioso que pode encontrar alguma chance de se quebrar num esforço de mudança pessoal, frágeis tentativas que correm o risco de fracassar se não forem retomadas e consolidadas por uma formação intensiva:* o estágio de formação, iniciação e preparação à pedagogia institucional é uma ocasião de se libertar...
Se libertar também no sentido de estar a par das coisas. Neste caso ainda, o estágio é a ocasião para aprender as técnicas de base indispensáveis à conduta de uma classe cooperativa. A prática regular do trabalho em grupos *(E.P.I.)* mantém quem quiser continuar um tal trabalho em sua liberdade de movimento, em sua capacidade de recriar as ferramentas sem cessar e as articulações necessárias ao funcionamento de sua classe.

CAPÍTULO NOVE
PUNIR OU SOFRER: NÃO, OBRIGADO!

1. Recreio na sala dos professores

Em pequenos grupos, de pé, uma xícara na mão, se conversa...
* *Salas, corredores, um gabinete...*
— Como é que você quer que eu pregue alguma coisa na classe? Eu mudo de sala a toda hora. E depois, o que preguei na sala 15 foi completamente arrancado. Acho que foram os alunos do D...: ele deixa os meninos fazerem tudo o que querem!
— Falou sobre isso com ele?
— De que jeito? Primeiro a gente nunca se vê... Quis falar com ele outro dia no corredor: ele olhou o relógio e falou vagamente alguma coisa sobre seus filhos que tinha de pegar na escola, era a hora da saída.
— E se você tentasse conseguir uma sala fixa com H.?
— Falei com o diretor a última vez que me chamou à sua sala para preencher uns papéis sobre umas estatísticas... Ele levantou os braços aos céus: parece que isso iria desorganizar todo o seu planejamento.
Um pouco afastado, H., o "sortudo" que conseguiu obter uma sala — "sua" sala...
* *Diálogo, poder, disciplina, dilemas...*
— No meu caso, quando as coisas não vão mais, eu paro o curso e discutimos. O inconveniente é que isso não acaba nunca: pode

durar horas! Então só faço isso quando realmente é inevitável...

— Então é como na minha turma. Eles tomam o poder, mas eu tenho um problema: não posso me impedir de retomá-lo em alguns momentos. Quando eles montam o circo, dou um bom tapa na mesa e a gente entra num pequeno período de ditadura. Isso me deixa culpada.

— Acho que o que você faz é pura demagogia. Falar com eles, tudo bem, mas dar o poder a eles, o que que você quer dizer exatamente com isso? É você quem sabe mais do que eles, não?

— E verdade, sei mais na minha matéria, mas eles têm capacidades que eu não tenho. Procuro apenas colocar minhas idéias em prática. O que me deixa triste é que eles se aproveitam disso para fazer bobagens. Eu agüento um pouco e de repente arrebento. Sempre acaba mal para eles.

Vamos nos afastar destas duas e nos aproximar de um grupo de cadeiras no canto da cafeteira elétrica comprada com o dinheiro da caixinha do colégio.

• *Entusiasmo ou depressão...*

— Dessa vez, entende, foi demais... Eu tinha preparado tudo tão bem com os *slides* e um gravador, gastei o fim de semana inteirinho. E eles estragam tudo, assim à toa. Se pelo menos eu fosse ruim com eles! E logo nesta classe onde tenho os alunos mais simpáticos! Você conhece a pequena J... e seu grupo, com quem saí outro dia para confraternizar? Estou chocada, acho que vou ao médico para tentar conseguir uma licença.

— Não fique assim. É o seu primeiro trabalho. Isso acontece. Você não deveria levar as coisas dessa maneira. Talvez também ser um pouco mais firme. Não pense mais nisso. Onde você vai almoçar?

2. Eternos problemas: abordá-los de outra maneira?

• *Lugar e tempo...*

A boa vontade não é suficiente para quem deseja fazer de sua classe um lugar habitado. Para conseguir isso é preciso ser capaz de negociar com as autoridades administrativas, logo, propor respostas adequadas às objeções habituais que lhe serão feitas. Não deixar de tratar com as pessoas certas dos problemas que não deixarão de aparecer assim que se tente mudar alguma coisa. O acordo com certos colegas não poderia ser buscado fora do corredor? *Aprender a se localizar nos lugares e no tempo*: primeiro objetivo de uma formação de professores que desejem praticar uma pedagogia moderna.

- *Lei...*

Como *fazer a lei* em conjunto? Talvez seja preciso primeiro substituir a "disciplina de caserna" por uma "disciplina de feira livre". Para chegar a isso é preciso aprender as técnicas que fazem da classe um lugar de produção, apoiando-se sobre o desejo. Não confundir o poder (absoluto) e as competências, *os* poderes de fazer, de sair da impotência.

- *Distância*

Para resistir num colégio em 1984, resistir à violência cotidiana, à agressão dos alunos, ao silêncio dos colegas, às reflexões mais ou menos simpáticas quando uma desordem muito grande acontece, é preciso aprender a *tomar e guardar a distância certa*. Ser capaz de estimar a quem se fala, de ajustar seu comportamento em função da situação, logo, de não confundir funções, estatutos, papéis, pessoas, não esquecer a marca de separação salutar entre professor e alunos. E se tudo isso também se aprendesse?

CAPÍTULO DEZ
UM ESTÁGIO QUE VALE O DESVIO.
IMPRESSÕES DE UM ESTAGIÁRIO

O que se passa nos estágios de pedagogia institucional para que tenham deixado em mim estes traços duradouros, esta vontade de mudar minha prática de professor, este desejo sempre renovado de cooperar com outros freqüentemente qualificados de tão loucos como eu?

1. Um contestador que encontra os resistentes

Em setembro de 1973, quando chego ao meu primeiro estágio de pedagogia institucional, estou em busca da autogestão pedagógica. Contestador da "ordem" e do que eu chamo "o poder", descubro uma equipe de organizadores que se intitulam RESPONSÁVEIS. Eles nos propõem uma grade de emprego de tempo, uma organização precisa, lugares numerosos, bem separados no tempo e no espaço.

Desde os primeiros dias, me sinto pouco à vontade no que sinto como um conjunto de exigências violentas. Minha revolta toma então a forma de uma tentativa conjunta de tomada de poder: durante um Conselho de estágio, tentamos fazer decidir a supressão do direito de decisão dos responsáveis (nada menos do que isso!).

Nosso fracasso não me impediu de perseverar... Mesmo continuando a achar amarga esta resistência...

Hoje, a experiência de muitos anos de trabalho num colégio onde a violência se manifesta cotidianamente, me conduz a uma outra leitura da minha vivência de estagiário. Esta leitura se inspira numa classificação da violência: violência física (estupro e morte), violência moral (ideologia).

2. A contragosto

Os estagiários, desde o começo do estágio, se encontram em grupos, sem terem se escolhido, sem escolher seus instrutores. Eles vivem a dura experiência da oficina. Hesitações, encontros a que se faltou, construções abortadas, trocas difíceis com os outros que como eu não engrenaram.

Mas e a violência? Talvez o fato de descobrir sem prazer de que maneira serei comido: é a presidência, o secretariado, em última instância, é o seu tempo. Sou violado pelo TEMPO. Mas também, com as decisões escritas, sou violado pelos lugares! O lugar da decisão me entra pela cabeça a contragosto. E eu não gostaria de saber que o Tempo é meu senhor! Não queria admitir que, antes de tudo, é preciso contar com o tempo! Quê merda! Por que me obrigar a distinguir o lugar onde se conversa daquele onde se decide? Bom, isso não me dá prazer, mas daí a me sentir violentado... Todavia, é assim que me sinto quando imagino que ELES (os instrutores) sentem prazer assim, que essa é a maneira deles fazerem a lei entrar em minha cabeça...

• *Assassinato...*

É tão agradável se desdizer, se contradizer, se retirar de um projeto sem se sentir culpado. Culpado? Mas também é agradável igualmente se sentir culpado para poder expiar o que se fez de infantil. Ainda sinto o grande *élan* de maio de 68 e seu cortejo de imagens que agitavam meus fantasmas de moleque: "Queremos tudo... imediatamente". Nada de leis, nada de injustiças... a infância idílica a ser descoberta sem dor, e merda para os fatos que correm o risco de desmentir isso. Mas existem os outros na oficina. Existem as regras do estágio, e existe essa puta realidade. E depois essas palavras cortantes dos instrutores que vêm matar e matar novamente a criança que persiste em mim. Assassinato numa tarde de Conselho em que ele vem me dizer: "O que que você está fazendo aí?", e eu me ouço responder "estou olhando", eu me ouço dizer esta coisa horrível e a criança que disse isso é imediatamente assassinada pelo herói que também existe em mim: como é que se pode "olhar", enquanto todo mundo rema, se afoga? Olhar enquanto os outros sofrem, escorregam... E ele me fez dizer: aprisione a criança!

• *Ideologia...*

E pouco a pouco vai se instalando este sentimento de que não se consegue escapar ao discurso deles. Tudo se encaixa. Cada fato aí encontra a sua análise possível. A psicanálise indo em socorro da dinâmica dos grupos e das teorias políticas de esquerda. O que é que continua na sombra? Tudo se perfila no horizonte. Cada questão, metodicamente, se apresenta ao abatedouro das respostas sugeridas pelos cartazes, pelas experiências, pela própria estrutura do estágio. Até as questões íntimas se pode dizer aqui... Quase tudo passa por aí, e no final de algum tempo eu mesmo encontro as respostas coerentes para as questões tidas como insolúveis, questões da escola, dos grupos.

3. Três fantasmas

Violação, assassinato, ideologia... três fantasmas de estagiário em meu caminho, três limites dolorosos da violência formadora que podemos ignorar durante toda a vida e deixar que isso aconteça na realidade, o que é mais grave. Etapas de uma viagem que, entretanto, se persegue. Será que sonhei? Não fui violentado? Não: iniciado talvez, com tudo que isso comporta de deslocamentos internos. Não fui assassinado? Não. Talvez tenha experimentado a morte da criança em mim. E, até hoje, basta soprar sobre a brasa para que ela reapareça. Mas desta vez "se eu quiser", o que, confesso, é mais cômodo. E às vezes chego a temer que este assassinato da criança tenha de ser sempre refeito[1]. Vítima da ideologia "psi"? Não, porque essa ideologia contém seu próprio dissolvente. Primeiro pelo fato de que a pedagogia institucional é um "objeto parcial" (seu campo é limitado), depois porque aí tudo repousa sobre o Outro, e o outro não se cansa de me lembrar que eu nada sei sobre ele. Nada disso serve como saber nem como sistema.

4. Um sentido possível

Insuportável itinerário que refaço, rearrumando os cenários, recolocando as questões, virando e revirando as mesmas palavras em

---

1. Serge Leclaire, *On tue un enfant,* Seuil.

todos os sentidos para encontrar um sentido e finalmente achar que é assim. Isso faz sentido. E isso é tudo: o vazio... o lugar vazio no lugar da resposta. E o lugar vazio está no centro do problema. Esta dimensão que renasce cada vez que uma "máquina" - estágio, que uma "máquina" - fórum se instala e que eu a comando. Isso faz sentido porque funciona. E isso funciona porque faz sentido. E eu estou aí junto com os outros.

CAPÍTULO ONZE
RESPONSÁVEL PELO ESTÁGIO: UMA POSIÇÃO A SER MANTIDA.
RESOLUÇÕES DE UM RESPONSÁVEL PELO ESTÁGIO

1. Alguns exemplos de situações violentas

Os instrutores num estágio, em alguns momentos, são levados a dizer NÃO, a parar com as tentativas de transbordamento.
* *Desvios...*
Abrimos um estágio destinado a professores de liceu, colégio, liceu profissionalizante. Trinta professores vieram receber uma formação no quadro dos Projetos de Ação Educativa. Aceitamos colocar nossas competências a serviço do reitorado para animar este estágio. Dar a ele vida e existência de alguma maneira.

Logo em seguida, um participante questiona as modalidades da organização e contesta o estatuto dos instrutores. Ele propõe que se aproveite este tempo e este local para debater as questões que ele, participante, deseja colocar. Ele está apoiado em sua "manobra" por dois ou três estagiários que já deixaram tudo combinado antes. Será que fomos surdos a uma objeção inédita? Assim não nos pareceu.

Uma situação violenta se instala. O que está em questão é o direito provisório mas reconhecido dos instrutores de expor seus métodos e também a possibilidade de todos os estagiários darem sua opinião e realizar aquilo para o que vieram.

Aceitar o que está sendo proposto por um pequeno grupo de estagiários é aceitar o afastamento do objeto, e sob a aparência de liberdade, deixar que este grupo ocupe o lugar dos instrutores, mudando então a natureza do estágio.

Recusar esta proposta é correr o risco de entrar numa lógica autoritária. Preferimos correr este risco do que renunciar ao que nos havíamos proposto.

A insistência desta contestação nos leva então a dizer não. O veto do responsável pelo estágio coloca um ponto final ao transbordamento e permite a manutenção do estágio previsto. A violência deste momento, que de alguma maneira se torna um momento inaugural, é sentida ainda mais duramente porque os termos do contrato não estavam absolutamente claros.

O cuidado dispensado às modalidades de inscrição pode tornar menos provável este gênero de risco, mas será que estaremos completamente ao abrigo do contestador, orador brilhante que necessita de um auditório, e a quem é preciso barrar o caminho para garantir a manutenção de um trabalho cujos objetivos e as modalidades foram combinadas e pelas quais nos sentimos responsáveis?

- *Memória curta...*

Num outro estágio, sou responsável pela oficina. Chamamos assim um grupo cuja tarefa é concreta e pode ser definida. É o caso aqui: cada participante se comprometeu, por ocasião da assinatura do seu contrato de inscrição, a "escrever sobre a sua prática". Além disso, os membros do grupo puderam escolher entre três temas elaborados em comum durante a primeira meia jornada. Foi com este critério que eles escolheram trabalhar nesta oficina, cujo tema era: "Do projeto de uma equipe ao projeto do estabelecimento".

Durante as primeiras trocas, um dos estagiários exprime sua reticência; depois, pouco a pouco, a sua recusa em participar de um trabalho de escrita. Ele propõe ficar apenas nos debates. A lembrança do contrato pelo responsável coloca em evidência o esquecimento do que ele considera apenas como um detalhe.

Aqui a violência é sentida vivamente por todos. A dificuldade real de escrever sobre sua prática torna ainda mais sedutora a tentação de abandonar o objetivo inicial. O estagiário não voltou ao próximo encontro. A sua partida, se permitiu aos que continuaram um trabalho efetivo, não deixou de ser sentida como um grande mal-estar que deu à continuação do grupo um gosto amargo.

Cortar as coisas no momento certo é uma forma de intervenção do instrutor que pode ser sentida como uma violência insuportável pelos estagiários a quem se dirige.

- *A máquina-estágio: violência ou ponto de apoio?*

As impressões dos estagiários depois de um estágio de pedagogia institucional são unânimes: a máquina-estágio é julgada violenta. Em primeiro lugar, certamente, pelo fato de que coloca logo de cara as pessoas nesta "montagem" artificial que separa os instrutores — grupo solidário, organizado, dispondo da medida de distância dada pelas reuniões de preparação — dos estagiários que não se conhecem, se chocam com suas próprias resistências, encontram as dificuldades de um grupo no trabalho. E depois, esta situação de estágio misto, o internato, o emprego do tempo, a estrutura dando a impressão de que não se pode escapar: tudo isso constitui obrigações sentidas como violentas.

2. Do cão de guarda à garantia da lei

A violência sentida nestes estágios não pode ser assimilada à violência dita institucional, que existe nas estruturas hierárquicas que pululam em nossa sociedade, e cujos funcionários constituem "cães de guarda" (tema amplamente debatido em 1968) como os chama Nizan...

Antes de tudo, o termo "cão de guarda" fala por si. O cão obedece. Ele é condicionado e reage a estímulos automáticos. Ele defende seu dono ou os bens do seu dono. Pode-se assim caracterizar uma violência que eu prefiro antes chamar de burocrática do que de institucional (o adjetivo "institucional" é ambíguo).

O exemplo de violência burocrática que me vem à cabeça é o regulamento absurdo cujas ilustrações podemos ver na *Chronique de l'école caserne*[1] e que sofremos cotidianamente num colégio: "Impossível... probido pelo regulamento! Se dependesse de mim... sei que você tem ótimas intenções, mas não posso fazer nada, é o regulamento." Ao contrário, o que praticamos quando somos levados a dizer "NÃO" durante um estágio é a marca de um limite, a aplicação de uma regra, o resultado de uma estratégia que se refere sempre ao objeto comum, que protege este objeto e na mesma ocasião deve proteger igualmente os participantes.

Este objeto é o fato de poder neste lugar e neste tempo trocar experiências sobre nossas práticas sem sermos julgados. É poder elaborar em conjunto nossas próprias regras, fabricar e aperfeiçoar as ferramentas para a classe cooperativa. É também o esforço para chegar o mais perto possível de uma coerência entre o dizer e o fazer...

As numerosas obrigações que decorrem disso tornam necessário lembrar um fato importante: é impossível dissociar esta violência da garantia da lei, de um caráter essencial da pedagogia institu-

---

1. F. Oury e J. Pain, Maspéro.

cional: "nem obrigatório nem proibido, isso se torna possível". A fórmula deixa bem claro que o consentimento prévio dos participantes, seu desejo, funda também a existência do estágio, logo, autoriza aqueles que o conduzem a intervir quando for necessário. É o problema da utilização da "última palavra" (direito de veto)...

Tenho uma maneira de designar este gênero de intervenções que vale mais do que uma longa explicação: "cuidar da semente". Cuidar da semente, quer dizer tomar conta da colheita, protegê-la, não deixar que turbulências coloquem em perigo todo o laborioso trabalho no qual estamos envolvidos.

Aquele a quem está confiada uma tal responsabilidade, a exerce com a alma e a consciência. Felizmente existem critérios objetivos, como o contrato do grupo, mas existe também o imprevisível, e é por isso mesmo que esta função é necessária. Desta maneira, impedir que se desenvolva uma forma de canibalismo só é possível se os riscos estiverem presentes na consciência do responsável. Esta é uma competência que se adquire. Ela supõe a vigilância, a escuta, a capacidade de se abster de intervir quando não for necessário e fazer esta intervenção com presença de espírito e rapidez quando este for o caso. Só um bom treinamento torna isso possível.

Uma última lembrança sobre esta diferença ente "cão de guarda" e "guardião da lei": freqüentemente o primeiro se beneficia com a manutenção da situação. O segundo deve sua competência ao seu treinamento: sua formação nunca está terminada.

3. Violência fundadora e violência selvagem

Uma questão é colocada para aquele que se interroga sobre a natureza da violência da garantia da lei: será esta uma violência fundadora ou uma resposta à violência dos estagiários? A experiência nos mostrou que ela tem os dois registros ao mesmo tempo. Temos todos tendência a escorregar sem cessar em direção ao indistinto. É preciso fazer um esforço permanente para escapar à confusão, para "matar" sem parar estas reminiscências do tempo benigno onde tínhamos a impressão de que "tudo era para mim", desta idade de ouro da fusão original (paradoxalmente esta nostalgia é também a fonte do desejo).

Os argumentos que nossos colegas usam com mais freqüência revelam uma grande inibição. Logo, a questão a que um estágio deve responder pode se exprimir assim: "Como vencer a impotência?". A força dos princípios fundadores constitui um elemento de resposta a esta questão.

O que acontece se esta violência fundadora não for "colocada no lugar"? A violência selvagem se desenvolve: recusa do tempo, dos limites, tudo é desejado imediatamente, entramos na problemática do "tudo ou nada"...

• *A potência real... e o lugar vazio.*

"A potência real, em todos os sentidos da palavra, é apenas o fato de um homem que renunciou a se apossar da origem imaginária da potência, e que deixou este lugar vazio" (J. le Du).

Me parece que é o trabalho permanente de despossuir, de "desmassificação", que constitui o ato permanente do instrutor, e que a violência selvagem encontra sua fonte na recusa desta evacuação. Num estágio isto toma a forma de uma recusa dos limites, das regras, dos objetivos explícitos definidos neste contrato. Mas este é um negócio muito mais geral.

Quando chega ao estágio, o estagiário é submetido a um primeiro objeto real de contestação: *a grade de emprego do tempo*, que constitui um ato de violência fundadora. Impondo uma grade, afastamos brutalmente todas as outras possibilidades que os estagiários não deixam de imaginar. Mas ao mesmo tempo, tornamos possíveis uma impressionante quantidade de atividades que a negociação laboriosa de um emprego do tempo teria impedido.

• *Objetos reais, uma estrutura prévia.*

As regras de funcionamento de uma oficina são também fundadoras: elas trazem obrigações que liberam os participantes dos riscos da tagarelice estéril. As trocas *a propósito* do "objeto produzido" podem ser efetivas e dão a todos os participantes a ocasião de "fazer", de ocupar seu lugar. É preciso lembrar que o trabalho direcionado para uma "produção" precisa, destinado a ser trocado ou vendido, supõe a renúncia à ilusão que freqüentemente a troca verbal ilimitada favorece.

Uma particularidade de nossos estágios reside no fato de que uma parte do *dinheiro* dos estagiários é empregado nas oficinas, provocando negociações em relação à sua utilização. O material necessário ao trabalho não é distribuído, é vendido. Dinheiro e material constituem objetos reais através dos quais a violência e a rivalidade tomam um aspecto concreto. Ligada a este caráter concreto essencial ao estágio, uma instituição particular merece ser aqui designada como local de expressão de uma violência fundadora. Cada tarde é previsto um tempo para a deliberação entre os representantes dos estagiários e dos instrutores. Esta instituição se chama *decisões comuns* e permite dirigir o estágio entre dois conselhos. É claro que os estagiários levam um certo tempo para compreender que é este tempo e este local deliberativos que devem ser investidos se se quiser ter uma ação real sobre o desenvolvimento do estágio. As discussões são muitas vezes rudes e conflituosas.

4. E às vezes, reação à violência selvagem

Se este sistema de ação pode ser classificado no domínio de uma violência fundadora, a intervenção que põe fim a uma agressão a que o tema da reunião leva, que lembra a regra ou então que torna vã uma tomada de poder selvagem, pode ser ao mesmo tempo resposta à violência dos estagiários... e signo de uma violência fundadora. Restabelecendo a lei, ela funda novamente a comunicação, torna possível a troca real a propósito do objetivo que reúne o grupo.

• *Efeitos positivos...*

Os efeitos desta violência fundadora diferem, é claro, com os indivíduos. Contudo, podemos dizer que ela provoca manifestações regressivas geralmente seguidas de uma reconstrução. Colocados numa situação comparável à dos alunos, no princípio os estagiários reproduzem atitudes da criança que foram: isso pode ir da docilidade à revolta. A máquina-estágio é concebida de tal maneira que estas atitudes não podem subsistir por muito tempo.

A grade de emprego do tempo de que já falei pode ser sentida como uma obrigação insuportável por um estagiário que busca um funcionamento libertário. Mas logo ela irá solicitá-lo: se ele tiver dificuldade em ir à oficina da manhã, ele pode se interessar pelas trocas de ferramentas e de experiências. Ele encontra mesmo um emprego de tempo chamado "grupos livres" ou "grupos sem temas definidos", durante o qual cabe e ele propor o contúdo e o modo de funcionamento que deseja.

A assembléia geral dos estagiários lhe dará a ocasião de propor qualquer modificação que julgar necessária, através dos delegados, e negociar estas modificações com os organizadores durante a hora das decisões comuns.

Finalmente o Conselho, lugar e momento forte do estágio em que podem ser questionados todos os princípios, todo o funcionamento, vai mobilizar as paixões. Ele permite dizer, ensinando a "dizer bem". Porque, é claro, nada é fácil, e cada um pode sentir neste lugar a imensidão dos obstáculos a qualquer tentativa real de deliberar e cooperar.

Em resumo, a multiplicidade dos locais, a variedade dos grupos, a existência de numerosos momentos da palavra, de modalidades de tomadas de decisões comuns, de negociações, tudo isso redistribui as cartas, dá a todos as ocasiões de se interrogar sobre suas próprias reações, de encontrar a maneira pela qual pode tomar parte efetivamente na vida do grupo.

- *Mas limitados...*

O estágio é então uma preparação severa. Quando se sabe o que espera o professor decidido a mudar sua prática, é incontestavelmente útil. No entanto, seja porque algumas pessoas se inscrevem sem estarem verdadeiramente determinadas a modificar sua maneira de ensinar, ou porque foram cometidos alguns atos pouco habilidosos, é necessário reconhecer, em alguns casos o efeito é negativo. Já vi estagiários deixarem o estágio convencidos de que estavam lidando com verdadeiros perseguidores, e vi outros perderem todo senso de medida ao desenvolver uma agressividade desproporcional em relação aos instrutores.

- *Porque errar é humano.*

A pedagogia institucional não tem a pretensão de ser uma panacéia. Ela não é obrigatória. E os que a praticam não são infalíveis, não mais do que aqueles que se inscrevem nos estágios. E estas reações negativas têm relação antes de tudo com os termos escritos, superescritos até, do contrato. E, apesar de tudo, se um estagiário tivesse podido, sob pretexto de boa-fé, ignorar uma grande parte daquilo a que estava se engajando, não estaria ele pela mesma razão mais autorizado ainda a recusar de antemão o que lhe seria proposto em seguida?

- *Não se enganar de lugar...*

É por este motivo que tomamos um cuidado meticuloso com a redação das fórmulas de inscrição, com a leitura das respostas escritas pelos futuros estagiários, com a precisão dos termos das cartas trocadas entre os estagiários e os organizadores antes do estágio. A máxima clareza no processo da inscrição nos é necessária para garantir a eficácia de nossos estágios. A experiência dos estágios organizados em colaboração com os serviços da reitoria confirma o que acabo de dizer. Nos casos em que deixamos de realizar nós mesmos o processo de inscrição, aconteceram casos de estagiários que se enganaram de estágio, se podemos dizer assim. Encontrei alguns que achavam que estavam fazendo um estágio audiovisual. Outros vinham motivados por várias razões: ocasião de protestar contra alguma coisa que lhes desagradava em seu local de trabalho, desejo de uma tribuna por onde fazer passar sua contestação ou para exercer seus talentos de instrutores não reconhecidos.

- *E vir com um mínimo de disponibilidade.*

Não falo daqueles que vivem tantas dificuldades na turma que ficam contentes de poder sair por alguns dias, mas ao mesmo tempo não se sentem capazes de enfrentar num estágio as obrigações imprevistas que correm o risco de aumentar seu cansaço...

- *Uma dosagem delicada...*

Uma outra dificuldade na conduta da estratégia de formação está às vezes na origem das reações negativas. É a tentação de prever tudo, de preencher os vazios que a máquina cria às vezes. Como todos nós passamos por esta situação como estagiários, e isto em vários estágios, ficamos às vezes impacientes para ver os estagiários andarem mais depressa. O modelo que somos levados a estabelecer constitui então um obstáculo ao desejo. Tal pressa desenvolve resistências que podem minar o sucesso do projeto e a longo prazo dão resultados negativos.

Se tudo estiver previsto e regulamentado, não é mais uma máquina que permite o desejo que estaremos construindo, mas uma máquina que tritura, que suprime... O que estamos tentando ajustar, ao contrário, é o tipo de máquina que pode inventar as formas sociais educativas capazes de suportar o grão de areia. Isto requer dos instrutores capacidade de suportar a frustração, de aceitar a alteração de uma posição onde se teria resposta a tudo, isto quer dizer, em suma, escapar à pedagogia do modelo que só reproduz negando o outro.

A fronteira entre uma excessiva dureza e uma leveza grande demais é muito tênue. Na minha opinião é no cuidado dispensado às regulagens da máquina, às funções institucionais (respeito às nossas próprias regras, atenção às presenças, não esquecer os ritos de abertura e de fechamento dos grupos: por exemplo, cuidar que cada um esteja no lugar que decidiu ocupar, não se separar sem que todo mundo tenha tido a ocasião de dizer se tudo vai bem), é com este tipo de atenção que se tem mais chance de escapar aos erros estratégicos.

- *Um equilíbrio pessoal permite ouvir certas coisas.*

As reações negativas podem vir também de reações específicas de certos indivíduos ou grupos. Isso não é impossível. O fato de colocar na frente um sistema de ação que faz lei é quase sempre considerado como obsceno. Para poder suportá-lo, não se pode estar mergulhado em ilusões, no imaginário, assim como na crença de que este seria um ato-tabu reservado ao Estado. Supomos que os estagiários que pedem uma formação à pedagogia institucional ultrapassaram este embaraço, que já estão convencidos da necessidade de utilizar em classe as técnicas Freinet ou a sua transposição, e que é necessário levar em conta os fenômenos de grupo e o conceito de inconsciente.

Uma lembrança histórica me parece capaz de esclarecer este ponto: quando foi fundado o coletivo (C.E.P.I.), refletimos sobre a palavra "terapêutica" que estava presente na sigla G.E.T. (grupo de educação terapêutica) e decidimos não empregá-la. Para nós, se há algum efeito de terapia sobre aqueles que são confrontados com nossas máquinas, é apenas um acréscimo. Não temos nem a competência nem a pretensão de cuidar daqueles cujos problemas pedem uma terapia pessoal. A dificuldade neste campo vem talvez do fato de que este gênero de problema pessoal é revelado pelo confronto com as dificuldades de um grupo... Só podemos confiar em que cada um seja capaz de medir sua capacidade de questionamento sem perigo para si próprio e seu meio.

5. Violência e pedagogia institucional: um velho casal

A violência está presente desde o princípio da história da pedagogia institucional. O conceito de escola-caserna, levantado por Fernand Oury e seus companheiros no princípio de seu trabalho fundador, contém a idéia de uma violência praticada contra as crianças e os professores na escola urbana. As ferramentas, os famosos "sílices" moldados por aqueles que trabalharam desde os anos 50 numa pedagogia do desejo, levam em conta esta violência, livrando-se nitidamente da ilusão de uma boa natureza da criança que seria suficiente preservar ou restabelecer (as criancinhas tão bonitinhas, todas iguais...)

O sistema dos "certificados", aptidões provadas, reconhecidas como capazes de exercer certas atividades e responsabilidades, permite colocar como primordial o reconhecimento das diferenças: as hierarquias existem na classe cooperativa. Para poder exercer uma responsabilidade, é preciso provar sua competência. O fato de que estas hierarquias sejam marcadas com cores, que são as dos graus do judô, é uma referência clara à combatividade, violência reconhecida e simbolizada através de uma capacidade de fazer.

• *Mas e a violência nos estágios?*

A noção de violência no processo de formação nunca foi claramente explicitada. O G.E.F.I.E. (grupo de ensino, de formação e de intervenção educativas) organiza estágios, principalmente na educação cuidada, diretamente ramificada sobre este tema.[2]

---

2. Cf. J. Pain, *Pédagogie Institutionnelle et Formation,* Micropolis, p. 196.

No C.E.P.I., a violência formadora ainda está sendo explicitada. O trabalho começou a partir de 1977 quando quisemos escapar, na estratégia dos estágios, a todas as técnicas suscetíveis de serem persecutórias.

Acontecia, de fato, que os instrutores bloqueassem voluntariamente o funcionamento de um grupo para tornar os estagiários mais vigilantes em relação às regras que permitem que cada um se garanta contra as pessoas sem escrúpulos. Em outros momentos, uma não resposta sistemática se opunha às numerosas questões dos estagiários, em virtude do fato de que as instituições já respondiam suficientemente, cada um sendo considerado como bastante "grande" para encontrar sozinho o que procurava. Depois de maio de 1968, o discurso pseudo-revolucionário tendo se espalhado, servindo com freqüência como álibi para a impotência, uma tarde do estágio foi inteiramente consagrada a fazer aparecer este discurso (se necessário até mesmo através de provocações) para melhor ridicularizá-lo...

Desde o estágio de 1977 tomamos o maior cuidado em banir da ação dos instrutores as intervenções brutais, as palavras voluntariamente chocantes, as atitudes provocadas.

- *Uma máquina ofensiva.*

A própria estrutura do estágio, o rigor no funcionamento institucional, as dificuldades inerentes a qualquer trabalho de grupo continuam a ser sentidas como violentas pela maioria dos estagiários. Dimensão latente, a violência se torna rapidamente explícita assim que se manifestam as inevitáveis diferenças entre as pessoas presentes: a constatação por cada um de uma primeira obrigação, cujas implicações talvez não tenha medido (ficar oito dias em regime de internato, fazer alguma coisa com os outros, articular desejos às vezes contraditórios, gerar atividades variadas num tempo limitado, tudo isto ataca fortemente as defesas dos indivíduos).

- *Uma correspondência e uma ressonância.*

Entre a violência fundadora das regras, das obrigações de lugar, de tempo, da necessidade reconhecida (aceita previamente) de cooperar, e a violência selvagem que emerge, reaparece em cada um desde que suas defesas sejam atacadas, um lugar pode surgir, graças à máquina e sua dinâmica. Efeito comparável à ressonância que faz vibrar uma corda quando a sua correspondente vibra muito forte...

- *Responsável pelo estágio: imprimir uma direção.*

É uma equipe que prepara, organiza, torna possível um estágio de formação e treino em pedagogia institucional. Nesta equipe, a função de responsável pelo estágio é antes de tudo reconhecida como útil ao grupo organizador: nossa maneira de trabalhar reclama para este lugar alguém que terá a última palavra quando isto for necessário... Mas é igualmente o seu desejo que está em jogo. Temos o hábito de dizer que ele tem a "primeira palavra". O responsável pelo estágio imprime uma direção à equipe de instrutores, imprime um estilo, uma cor ao conjunto do estágio. Para poder fazer isso, é preciso ter uma certa competência (logo, um treinamento), mas sobretudo ter alguma coisa a dizer, a PASSAR.

* *O estilo, o acento...*
  Cada responsável pelo estágio tem seu estilo pessoal. Então só posso falar por mim. Abordei minha função de responsável com a preocupação de tratar à minha maneira o que é percebido como um objeto comum — a pedagogia institucional. No primeiro estágio em que ocupei este lugar, resumi minha preocupação com a seguinte fórmula: "Não pisar em falso". Com isso eu queria dizer não deixar que os falsos problemas atrapalhassem os objetivos do estágio. É talvez numa certa maneira de tratar as resistências que se manifestam, que esta fórmula encontra sua melhor ilustração: às questões dos estagiários responder sempre com a verdade, direta ou indiretamente, explicitar, se for necessário, retomar qualquer intervenção sob o ângulo de uma análise suscetível de ser entendida por aquele ou aquela que tiverem de sofrer esta intervenção, às vezes duramente.

  Não se trata de ser "amável" economizando as etapas pelas quais a formação deve passar. É, antes de tudo, a colocação em prática de uma idéia simples. A estratégia consiste em deixar abertos os caminhos que conduzem ao objetivo final. Passar pela palavra: um dever para cada um, inclusive os instrutores... e para chegar a "falar bem" tenho de estar persuadido do que quero falar. A necessidade de passar alguma coisa ao outro põe a minha convicção à prova e me obriga a pesar as palavras para que elas sejam inteligíveis ao auditório.

  Se sou confrontado com um interlocutor "surdo" (pode acontecer que alguns sejam inacessíveis a qualquer explicitação), a arte da resposta "perpendicular", o deslocamento, pode ajudar a diferenciar o tempo da compreensão.

* *Uma aventura preparada como uma expedição.*
  Embora não seja mais o primeiro estágio pelo qual sou responsável, cada vez é como se fosse a aventura de uma viagem ao desconhecido, uma expedição em busca do outro... Evidentemente, como para toda aventura, existe uma preparação. E como os riscos existem, a preparação tem que ser minuciosa. Disponho dos meus *checklists*, de minha experiência, mas isto não dispensa as numerosas ferramentas de que precisaremos e de aproveitar o tempo de preparação (vários fins de semana), para que sejam determinadas as obrigações de toda a equipe.

Durante esta preparação, se detalha a antecipação do que deve se passar. Antes de tudo, para cada um, para mim, passar por uma espécie de prova difícil: expor aos outros as técnicas utilizadas. Colocar estas pessoas numa situação que lhes permita apropriar-se destas técnicas, adaptá-las ao seu próprio meio profissional. Passar as regras de um jogo que não pode ser jogado sozinho, necessita de muitos parceiros, os da cooperação. Enfim, passar para uma outra era do ensino, porque este é o nosso ofício e ele ainda está na sua pré-história. Passar para outra coisa bem diferente do que se faz com freqüência e que me desgosta. Me reassegurar que a autenticidade de uma situação não é em vão, que o desejo pode estar também aí e fazer com que ele esteja.

CAPÍTULO DOZE
GRUPOS PARA DURAR

1. Depois do estágio, a aterrissagem não é fácil

Estimulado pelo estágio do verão, desde a minha volta, tento fazer funcionar uma classe cooperativa. Mas infelizmente os problemas não desapareceram.

O que fazer com tudo o que eu "recolho" na classe, assim que a vida aí se introduz, quando isto não era habitual, quando o meio não está obrigatoriamente pronto para suportar tal vizinhança?

O que fazer das minhas impressões diante do aluno que não faz nada, diante daquele que provoca, que inicia o tumulto? O que fazer diante dos roubos, das destruições, do desespero, da morte por acidente e mesmo por crime? Que fazer em relação ao fracasso, sobretudo quando me dou conta de que me escapam completamente as condições familiares que agravam este fracasso?

O que fazer frente à agressão dos meus colegas, que irrompem na minha sala para protestar contra o barulho, denúncia de que os alunos estão causando mal-estar com seus deslocamentos no corredor, repressão nos conselhos de classe por razões explicitamente ligadas à minha prática?

O que fazer frente à administração, à inspetoria, que freqüentemente não compreendem nada, temem a desordem, abafam e freiam qualquer tentativa, a menos que seja alguma coisa no sentido de repressão?

O que fazer quando os pais, surpresos, muitas vezes descontentes, sempre inquietos, me interpelam e raramente de uma forma educada?

O QUE FAZER?

- *Não ficar sozinho.*

O processo que leva da um a se libertar (se liberar tanto quanto possível de sua ignorância e de suas resistências à mudança) começa na turma com tentativas, experiências freqüentemente dolorosas. Ele encontra um ancoradouro decisivo durante os estágios. Mas corre o risco de se afundar no isolamento: o monstro da confusão renasce de suas cinzas. Os hábitos, o peso administrativo, o meio freqüentemente hostil tornam o esforço interminável...

É aqui que os grupos intervêm. Podemos fazer uma idéia bastante precisa de sua diversidade lendo o que escreveu Françoise Kempf em "Histoires singulières, histoire commune" (em *Maintenant la pédagogie institutionnelle*, Maspéro, 1979). O que se segue é a leitura que se pode fazer do ponto de vista da formação, com um acento colocado mais particularmente na violência ou o que estiver mais próximo dela.

- *Um funcionamento possível porque experimentado.*

Seria um erro lamentável para nós, perigoso para aqueles que se submetessem, querer encontrar um modelo a ser imitado sem precauções nas páginas que se seguem: este modo de funcionamento é apenas um exemplo, experimentado, é verdade, e colocado lentamente no ponto graças à experiência e à tradição daqueles que o vivenciam há muitos anos. Mas ele só pode funcionar com pessoas que tenham a formação de base que um estágio dá. Todos aqueles que têm uma prática das reuniões em sua diversidade sabem que cada grupo tem suas características e, em conseqüência disso, respostas próprias às dificuldades que encontra: este testemunho não pode então ser um modelo. Ele visa simplesmente destacar as regras essenciais que permitem a um grupo ajudar seus participantes a perseguirem sua tarefa em condições difíceis.

2. *Um pedaço de vida na E.P.I. "lambda"*

Eis como um participante da equipe de base conta uma reunião, da maneira como se desenvolve "habitualmente", embora esse termo seja insuficiente para dizer que o esquema é sempre o mesmo e no entanto nunca parecido...

"Reunião mensal da E.P.I. ... ontem, escrevi e mimeografei os sete exemplares do meu texto. Falo deste incidente ocorrido semanada passada no C.P.P.N., com o aluno em quem terminei dando um tapa, um fracasso espetacular no funcionamento da minha classe!

"Acabamos de chegar na casa de Hubert. Ele nos empresta com muito boa vontade a sua casa a terceira quarta-feira de cada mês para estas reuniões. Bom-dia, bate-papo, cafezinho. Aí, quando todos já chegaram, Alice lembra a hora: "Se quisermos fazer alguma coisa hoje, é melhor começar"... É ela quem vai "presidir" esta sessão, já que na última vez ela foi secretária. O caderno onde as reuniões são anotadas já apareceu e é consultado. Na ordem da lista estabelecida no começo do ano é a minha vez de secretariar.

"Começamos trocando nossos textos mimeografados. Depois, cada um lê o seu texto falando um pouco do que evoluiu, do que não andou, enfim do que aconteceu na sua classe desde a última reunião.

"Cada um escuta, questiona, intervém para evocar uma situação semelhante, sugere soluções, lembra o que foi dito a propósito desse assunto...

"Uma hora se passa assim, depois a presidente indica que falta muito pouco tempo para terminar esta parte do trabalho. Tudo bem. Monique declara que não tem mais nada a acrescentar ao seu texto...

"No caderno, anotei — como havia sido convencionado — o que foi dito a propósito do tema levantado no momento da constituição do grupo: a prática do conselho. A presidente pergunta: "Podemos fechar ai?... Sim. E é a segunda parte da reunião.

"— O que ficou decidido?... A pergunta é dirigida ao secretário. Consulto as páginas precedentes e encontro a decisão sublinhada: na próxima vez vamos aprofundar a questão de como é constituída a ordem do dia do conselho em nossas classes. E isso leva duas horas.

"Discussões, documentos, análises, comparações, referências, o trabalho se desenvolve com seus altos e baixos, suas tensões, interrupções... fumaça, cerveja, cinco minutos de pausa, bloqueios, silêncios...

"Temos a ambição de produzir um texto para outras pessoas. Quem? Em princípio para os leitores do boletim interno. Mas isso não é para amanhã: agora seria impossível conseguir alguma coisa. Por que? O final da reunião propriamente dita já está chegando. A presidente corta e anuncia o "que está bom e o que não está". Fazemos então uma rodada rápida onde cada um se exprime, certo de que *nenhum comentário* será feito sobre o que diz a propósito da maneira como viveu a reunião.

"E escutando, compreendo que Hubert não ia nada bem durante a segunda parte: não conseguiu fazer funcionar o Conselho em sua classe e recebeu muito mal um comentário de Christine sobre o assunto. Ela disse, de uma maneira bem brutal, que se não é feito um Conselho, não vale a pena falar de pedagogia institucional...

"A rodada termina e passamos à mesa. Hoje a comida foi preparada por Christine, um risoto maravilhoso... Relaxamos, rimos, brincamos... tudo isso em companhia das crianças, maridos, mulheres, companheiros que vieram comer com a gente.

"Nos separamos no final da noite. A próxima data já foi marcada junto com todas as outras no começo do ano: assim não se perde tempo procurando uma data livre que servisse a todos..."

2. A obrigação do tempo

O ritmo de uma reunião mensal, regular, é às vezes vivido como uma obrigação. O trabalho empreendido no estágio a propósito deste primeiro aspecto de toda vida social tem sua continuidade aqui. Ninguém tem tempo, é verdade, mas só há uma solução: inventar tempo! O debate jamais resolvido entre os partidários de um tempo escolhido, tomado do tempo livre, e aqueles que reclamam um tempo "oficial", incluído no emprego do tempo. Mas isso não nos impede de trabalhar. Claro que seria muito mais confortável se fôssemos pagos para isso. Isso introduziria a obrigação e tudo o que vem junto, os fantasmas da perda de liberdade... Nesse caso, pagamos com nosso tempo.

- *Lembrar a hora: um papel ingrato.*

Tomar o nosso tempo só é suportável quando não temos a impressão de perdê-lo. A espontaneidade, neste sentido, com freqüência nos leva a falar demais do que nos apaixona, sem pensar nas evidências: um tempo para cada um, um tempo para dizer, um tempo para analisar e compreender, um tempo para decidir.

Se alguém não for encarregado de lembrar a hora, de cortar, de mandar seguir em frente, de ter sempre presente a visão do conjunto da ordem do dia, corre-se um grande risco. O de se perder ou de se deixar levar pela emoção, o que pode satisfazer a um ou outro, mas de uma maneira geral se torna insuportável para todos. O papel só é sustentável se for reconhecido por todos. Para diminuir a chateação esse papel vai rodando, de maneira que todos experimentem sua dificuldade, sua utilidade e se esforcem em exercê-lo.

3. Escrever seu texto para o grupo: retomar e dizer por escrito

A obrigação da escrita obriga a refletir sobre o acontecimento, a exprimi-lo com precisão, pensar nele e comunicá-lo de maneira curta e completa. O exercício em si mesmo já tem um efeito. E depois isso faz com que eu rememore o que se passou na classe, que eu procure o que me causou problemas, que eu escolha o que tenho vontade de trazer para o grupo, fazendo uma descrição e uma interpretação desta experiência.

Escolher é uma atividade mental que também pode ser uma ação violenta. Porque, é claro, a escolha necessita do abandono voluntário do que não foi escolhido.

• *Respeitar um contrato...*

A decisão tomada em comum no começo do ano de que cada vez cada um traria um texto mimeografado é um contrato que nos une. Minha experiência de numerosos grupos me permite dizer que os grupos mais sólidos e mais atraentes foram aqueles onde existia um contrato deste tipo. O texto não precisa ser obrigatoriamente xerocado ou mimeografado, pode ser substituído por outra coisa (documento da classe, produção pessoal...), mas quando não há nada que marque uma espécie de direito de entrada, constatei que o grupo não dura.

As faltas a este contrato não levam obrigatoriamente a conseqüências notáveis. Aprendemos a tratar o problema da transgressão com todo o jogo de cintura que o desejo de empreender um trabalho comum torna necessário. A leveza sem complacência, uma dosagem difícil, que pode ser conseguida quando se descobre que o que é realmente importante é poder DIZER. Aprender onde está o limite, mas perceber igualmente que ele não é apreciado da mesma maneira por todos, que talvez não tenha o mesmo significado para cada um.

O lugar da transgressão, o fato de saber que estamos transgredindo uma regra e que teremos de pagar "o preço combinado" por isso, traz a sua parte de simbolização no jogo difícil e complexo das relações humanas e ajuda a enfrentar em seguida a dificuldade inerente ao nosso método com mais serenidade na classe.

4. Trocar: uma necessidade que não é evidente

A tarefa do professor é freqüentemente percebida de uma maneira tão íntima, que muitos consideram obsceno falar sobre o seu trabalho. De onde as banalidades, os clichês do gênero "o nível baixou ainda mais", "eles estão insuportáveis", "é uma boa turma", "aquele lá nunca faz nada", etc. Da mesma maneira, um questionamento neste terreno só provoca reticências: experimente perguntar a um professor o que ele faz quando um dos seus alunos arma um circo. O bloqueio sobre este capítulo tem causas múltiplas.

Freqüentemente, as únicas interpelações reais dirigidas aos professor vêm de personagens consideradas "inimigas": inspetores, diretores, pais de alunos... A reserva é legítima em relação àqueles que ocupam uma posição de poder hierárquico, a quem confidências correm o risco de serem muito bem pagas (conheço numerosos exemplos, mas teria que me estender demais sobre a maneira como estas funções são exercidas). O problema já é diferente e muito mais complexo em relação aos pais: neste caso, há um fator de rivalidade. Uma condição prévia para que possa haver trocas entre professores e pais é o reconhecimento deste fator de rivalidade e a vontade de levá-lo em conta: raríssimo!

Mas por que temer as trocas entre colegas, entre seus próprios pares? A experiência nos levou a designar A NORMA como principal obstáculo a esta troca. Para poder chegar a uma verdadeira empatia, os grupos vão forjando pouco a pouco suas próprias regras, bebendo na fonte da experiência relatada nos estágios ou na dos grupos "Balint" ou ainda nos "G.A.P." (Grupos de Aprofundamento Profissional). Escutar, lembrar que todos passamos por estas chateações, questionar sem julgar, para ajudar a fazer aparecer todas as dimensões de um caso difícil... muitas regras que permitem estas trocas, mas que não funcionam somente por sua adequação à situação. A existência de regras parece ser um fator em si mesmo determinante para liberar as inibições que todos sentimos diante do fato de ter de correr o risco de dizer diante de outros uma palavra que coloque em causa a questão da nossa impotência...

- *A questão do outro pode ser uma resposta para mim.*

Durante estas trocas o questionamento é às vezes muito forte, as respostas raras e sempre relativizadas. Mas este gênero de trabalho leva com freqüência a uma lenta transformação que se desenrola entre duas reuniões. Fica-se pensando no assunto. Isso tem um efeito de bumerangue interior cuja manifestações surgem às vezes muito "ao lado" dos temas abordados. E, pouco a pouco, o estreito campo das perguntas-respostas ao qual eu estava restrito, onde geralmente ficam os professores que buscam receitas pedagógicas, esse campo então se alarga consideravelmente. O conteúdo do que se diz no grupo torna-se uma rede de relações onde reconheço minhas próprias dificuldades. Mas aí posso buscar elementos para as respostas de uma maneira diferente do que acontecia quando eu estava sozinho.

- *Produzir para o exterior: necessidade e estimulante.*

Existe um risco quando o grupo funciona "bem": o narcisismo. O fato de ter como objetivo uma produção aberta é uma chance de escapar disso. Na pedagogia institucional há um lema que diz: eu faço o que digo e digo o que faço. Em sua brutalidade este lema leva o grupo a afrontar o princípio de realidade.

Pode ser que eu diga as coisas de maneira um pouco mais "bela" do que elas se passam na realidade... e me sinto estimulado pelo fato de que tendo dito, tendo sido ouvido, me sinto de alguma maneira obrigado a fazer como disse. Questão de coerência.

Mas também é difícil dizer as coisas como elas se passam realmente. O exercício se insere perfeitamente no que chamamos de *monografia*. Publicar uma monografia implica na necessidade de exprimir os fatos em toda a sua complexidade, de maneira a ser lido e apreciado por pessoas que estão do lado de fora da problemática que é a nossa... Abre-se aqui uma possibilidade de controle verdadeiro permitindo garantir que não se delire demais.

- *Grupos fechados: nenhuma corrente de ar!*

A obra começada não corre o risco de ser brutalmente interrompida. A profundidade das trocas, o fato de que é um pouco de suas entranhas que cada um coloca sobre a mesa é uma das razões que leva a maioria dos grupos a se fechar assim que o objetivo do trabalho fica definido. Questão freqüentemente recolocada, reexaminada, em particular quando alguém pede para "entrar". Neste caso pode haver negociação, mas são tomadas precauções para evitar as "correntes de ar", tanto sob a forma de um vento gelado que pode produzir um certo medo naquele que tem necessidade de conhecer a quem se confia, como sob a forma do personagem que só veio "para ver" e que não voltará mais.

CONCLUSÃO

No final de semelhante trabalho, aparece o fato de que a violência não pode ser reduzida apenas às suas manifestações destruidoras: a arte de estar junto, ou seja, a socialização, remete igualmente a um certo uso da violência. À violência destruidora dos pré-adolescentes e dos adolescentes, à sua recusa de estar ali e de aprender, respondemos por uma recusa fundadora.

Recusa de um certo tipo de comportamento e de palavra que não recalca, não apaga a violência, mas "barra" esta violência, permitindo assim sua canalização e sua elaboração. De violência praticada ou sofrida, ela se torna violência falada e integrada, repartida nos escritos e atividades múltiplas. Esta recusa não é um exercício maciço de poder, mas afirmação de exigências, convite para abandonar uma personalidade monolítica e experimentar vários lugares, para encontrar uma boa "moeda" numa busca de si e dos outros jamais terminada.

Para que a palavra circule, cada um deve aprender a escutar, o que quer dizer também saber se calar. Para que o sentido aconteça, para que alguma coisa aconteça, são precisos princípios constitutivos. Neste sentido, o conselho, lugar e tempo para dizer, para propor, para organizar e para decidir, lugar de poderes, é uma das chaves fundamentais para sair da espiral destruidora que os estabelecimentos de ensino freqüentemente produzem. Neste lugar definido, cada um pode tomar parte na elaboração das leis. Vamos deixar bem claro que por leis não entendêmos um jugo totalitário, mas um conjunto de coisas convencionadas, progressivamente integradas e válidas para todos: espécie de "moeda" da socialização, assim é que a lei é o "grande corte" que torna possível a linguagem e a comunicação. Nas máquinas que instalamos, a lei é o elemento que, incluído nelas, as faz funcionar (como o transistor no aparelho que por extensão leva seu nome: tão impalpável, e tão indispensável, pequena peça de um conjunto construído em torno dela...)

Fazer a lei em conjunto supõe que cada um tenha acesso à autonomia. Partida jamais ganha, colocação permanente do paradoxo da lei: ninguém pode fazê-la sem que antes alguém a faça. Exercício permanente da violência fundadora da lei, sempre anterior às leis que nos damos.

Isto supõe também que não se esqueça o vazio indispensável, o espaço do imprevisto, buraco na organização que garante o "funcionamento" das coisas.

Reconhecer a violência sob todas as suas formas, usá-la em benefício do grupo, é aceitar viver na precariedade. Em nenhum caso os comportamentos são normalizados. Em nenhum caso, a violência selvagem que os alimenta se encontra definitivamente conjurada ou calibrada. Levar em conta as forças das pulsões para fazer funcionar o empreendimento coletivo é ter a esperança de "civilizar" a escola (a educação) onde os riscos de barbárie estão sempre presentes. É se lançar num verdadeiro empreendimento ético onde, porque o educador conhece o preço do desejo, o singular consegue se articular com o coletivo na implantação de um espaço social onde possam circular palavra e sentido.

ANEXOS

ANEXO 1
O coletivo das equipes de pedagogia institucional (C.E.P.I.)

1. Ele reúne:

Praticantes, *professores de colégio e de liceu, professores primários, professores de crianças com deficiência auditiva, educadores, professores de escolas normais, enfermeiros etc.*
   Um *pouco em todos os lugares da França: na Lorena, Bretanha, Franche-Comté, região de Nantes, Savóia, Provença, região parisiense.*
   Oriundos dos Grupos de Educação Terapêutica (G.E.T.), egressos do movimento Freinet, o C.P.P.I. foi criado em 1978.
   Suas ferramentas, produções, instituições evoluíram desde sua criação.

2. Ele propõe atividades e ferramentas:

Alguns exemplos:
— *Estágios* de treinamento e de formação na P.I.
— *Fóruns*: encontros anuais das "partes engajadas" do C.E.P.I., lugar de elaboração prática e teórica da P.I. onde, diferentemente dos estágios, a montagem artificial instrutores/estagiários não é instituída.
— *Um boletim interno*: O B.I., local de informação, o depósito de nossa memória coletiva, de circulação de nossos projetos, primeiro lugar dos escritos destinados à publicação, reunião de nossas leis.
— *Equipes de intervenção* que respondem aos pedidos exteriores (conferências, debates, trocas, apresentações de monografias...)
— *Equipes de base*, em geral regionais, que constituem durante o ano escolar locais

de recurso material e afetivo, grupos de produção (fichas, artigos, monografias...) As diferentes equipes prestam conta em cada conselho. As responsabilidades são tomadas aí, dependendo da vontade e da competência dos postulantes, segundo o princípio de alternância e de permuta das obrigações.

3. *Ele repousa sobre um processo de formação:*

No começo, sozinho, na classe ou fora dela, experimento, tento... mal-estar e dificuldades... isto pode evoluir:
No estágio posso falar sobre isso (reprise no primeiro nível). Aprendo as técnicas. Sou confrontado com a separação instrutor/estagiário. A rara conjugação destas atividades múltiplas me é de grande ajuda (formação pessoal). Numa *equipe de base*, escuta, cooperação: e isso continua. Depois de pelo menos dois estágios e um fórum, PASSAGEM: tomada de responsabilidade.

No *fórum*, local de elaboração, as coisas continuam, mas cada UM se encontra confrontado com os problemas de elaboração da P.I., de decisões e de tomadas de responsabilidade.

Neste meio tempo, continuo meu trabalho em classe (ou fora) e no C.E.P.I.

4. *Ele dispõe de um instrumento adaptado a atividades oficiais:*

Desde 1982, contatos com o Ministério da Educação nacional abrem um novo setor de atividades: estágios e intervenções sendo objeto de convenções com diversos serviços nacionais ou de reitoria (missões acadêmicas de formação...).

Estas ações tornaram necessária a existência de uma instituição legitimada. A associação criada em 1979 de acordo com a lei 1901, M.P.I. (Maintenant La Pédagogie Institutionnelle) preenche esta função. Ela comporta um conselho administrativo de vinte membros, um escritório, um delegado nacional (em tempo integral) e delegados acadêmicos. Esta associação, é esta a sua função, trabalha em estreita coordenação com a C.E.P.I.

5. *Algumas características:*

A pedagogia institucional se efetua na classe. Ela supõe assim um discurso entre os adultos do coletivo. É por isso que reconhecemos na confrontação das práticas institucionais — na classe, na escola e no coletivo — uma virtude formadora.

A insistência é dada sobre a manutenção e os mecanismos de construção e de desconstrução das estruturas institucionais. Nesta busca a existência dos conselhos é a base de qualquer reflexão.

A este preço, os *locais* se desfazem e se especificam, deliberações eficazes e um trabalho vivo tornam possíveis a existência de *limites*, a percepção das separações masculino/feminino, singular/plural, professor/aluno.

6. *Publicações:*

Maintenant la pédagogie institutionnelle, Hachette, 1979.
Várias contribuições nos *Cahiers Pédagogiques*, n? 140, n? 185...
Uma revista: *La P.I. en question*, 1984.

ANEXO 2

Elementos de uma história da pedagogia institucional

A invenção da imprensa (1041 Pi Ching, 1436 Gutenberg) e a descoberta do inconsciente (Freud) são referências para nós.

1920: *Célestin Freinet*, professor primário, inventa técnicas que mudam radicalmente a aula: impressão gráfica na escola, a expressão livre, o jornal escolar, a correspondência, a cooperativa gerida pelas crianças...

1950: *Fernand Oury*, professor primário, utiliza as técnicas Freinet numa classe urbana. Ele se choca com a escola "caserna".

1958: *Jean Oury*, psiquiatra, propõe o termo PEDAGOGIA INSTITUCIONAL por analogia ao trabalho de humanização efetuado com outros (Daumezon, Bonnafé, Tosquelles...) no meio psiquiátrico a partir da Segunda Guerra Mundial.

1961: *O Grupo de Educação Terapêutica* (G.E.T.) apoiando-se no trabalho do Instituto Parisiense da Escola Moderna (Freinet) e do Grupo das Técnicas Educativas (G.E.T.), em torno de Fernand Oury e Aida Vasquez, elabora as ferramentas práticas e teóricas sobre as quais se funda esta pedagogia. Introduz as noções de LOCAIS, de IDENTIFICAÇÃO, de MEDIAÇÃO, levando em conta os fenômenos de grupo e a incidência de determinações inconscientes sobre suas formas. Estágios de formação de professores têm lugar todo ano. Obras são publicadas:

Vers une pédagogie institutionnelle, F. Oury e A. Vasquez, Maspéro, 1967.

De la classe coopérative à la pédagogie institutionnelle, A. Vasquez e F. Oury, Maspéro, 1972.

Chronique de l'ecole-caserne, F. Oury e J. Pain, Maspéro, 1973.

Nestes livros, uma maneira particular de escrita é privilegiada: a MONOGRAFIA.

1978: *Nascimento do coletivo das equipes de pedagogia institucional* (C.E.P.I.). Fernand Oury se aposenta. O trabalho continua. A ampliação do campo de aplicação da pedagogia institucional às situações de grupos de adultos, mas também a tentativa permanente de controlar os efeitos do poder de sugestão e da relação de cada um com seu(s) professor(es) fazem surgir uma nova preocupação: a política. Paralelamente, a institucionalização do coletivo permite um processo de transFORMAÇÃO, um trabalho analítico que se opera nos estágios anuais, mas também de reflexões, de análises concretas nos grupos e de encontros chamados "fóruns".

Uma obra coletiva é publicada: *Maintenant la pédagogie institutionnelle*, Hachette littérature, 1979.

É criada a associação lei 1901, do mesmo nome.

1981: São feitos contatos com o Ministério de Educação nacional.

É aberto um novo setor de atividades em caráter oficial e no quadro de convenções.

ANEXO 3

O estágio de iniciação e de treinamento na pedagogia institucional

Preparado, organizado, instalado por uma equipe que assume sua inteira responsabilidade, o estágio C.E.P.I. foi freqüentemente comparado a uma máquina complexa na qual o desejo tem um papel privilegiado. Vamos tentar aqui dar uma idéia mais ou menos precisa sobrevoando os principais locais, tempos, características, efeitos sinalizadores de um estágio de oito dias, assim como são organizados cada verão já faz uns vinte anos pelos praticantes da pedagogia institucional (entendemos por praticantes aqueles que aplicam, tanto quanto possível, na sua classe ou no seu local de trabalho cotidiano, o que se trabalha no estágio).

1. Recrutamento.

Sempre achamos necessário fazer trabalhar em conjunto educadores de todos os níveis: em suas disparidades o ato educativo é da mesma natureza.

Em nossos estágios de verão, os professores (professores primários, professores...)

são maioria, mas encontramos também um número importante de educadores especializados, de animadores sócio-culturais, assim como enfermeiros e diversas pessoas de formação avançada ou inicial.

Consideramos esta diversidade como uma riqueza que permite a cada um confrontar-se com práticas variadas, ao mesmo tempo em que toma consciência da convergência das buscas.

2. *Inscrições.*

O procedimento de inscrição faz parte integrante do estágio. Tomamos o maior cuidado com a redação dos formulários, pesando as palavras e precisando o melhor possível as rubricas por meio das quais os estagiários são convidados a escrever o que são e o que trazem, assim como o que esperam. As trocas epistolares por ocasião da inscrição valem como contrato entre os organizadores responsáveis pelo estágio e os estagiários, fundando as relações que vão se desenvolver durante o estágio propriamente dito.

3. *O trabalho nos grupos-oficina.*

Heterogeneidade.

Durante oito dias, todas as manhãs, os estagiários são divididos em oficinas de mais ou menos dez ou doze pessoas a quem é confiado um objeto de produção; estas produções têm freqüentemente a forma de um jornal, às vezes de uma montagem de vídeo, de uma peça, de um *sketch*. A composição das oficinas é estudada de maneira a ser a mais heterogênea possível. O confronto entre todas as categorias de professores e educadores obriga cada um a viver uma situação que o prepara pela experiência a aceitar classes ou grupos heterogêneos, a dar lugar a todos, a resolver na oficina os problemas que não deixam de se colocar na classe assim que se deixa a faculdade ou o normal: problemas de liderança, escolha de um tema, "perdas" de tempo, competências, organização, responsabilidades, todos estes pontos se revelam pouco a pouco e dão lugar à busca de soluções específicas ao grupo.

Produção.

Um aspecto essencial destas oficinas é a objetividade de uma produção comunicável. Dimensão da realidade do trabalho, da troca socializada suscetível de introduzir a avaliação por um outro meio que não seja a opinião de uma única pessoa ou mesmo do grupo produtor. O fato de produzir alguma coisa para fora dá um valor intrínseco ao produto, e, pois, ao trabalho.

Freqüentemente é a *escrita* que está no centro desta produção. Muitos professores deixam de escrever a partir do instante em que se tornam juízes da maneira de escrever de seus alunos. A colocação de uma produção na forma escrita faz uso de numerosos recursos e produz naqueles que se confrontam com isso questionamentos muito positivos.

Outros *meios de expressão* podem servir à produção. Vídeo, expressão dramática, gráfica... Sua utilização em grupo constitui um treinamento diretamente útil ao retorno do estágio.

Técnicas.

A primeira condição necessária à prática da pedagogia institucional é a posse de técnicas que poderão ser colocadas ao serviço da classe ou do grupo que o educador tem sob sua responsabilidade. A aprendizagem destas técnicas ocupa um grande lugar na oficina. Saber utilizar diversos tipos de estêncil, de máquinas de escrever, de mimeógrafos à tinta ou a álcool, a impressão, de uma maneira geral as técnicas de reprodução gráfica, são como as cordas de um arco para aquele que se lançará então, melhor armado, numa tentativa de classe cooperativa.

Para que as crianças possam se apropriar destas técnicas é indispensável que seu professor as domine. Só o bom funcionamento permite fazer de uma ferramenta uma verdadeira *mediação*. O fracasso e o desencorajamento com freqüência provêm de detalhes deste gênero: textos ilegíveis, mal apresentados, manchados, que dão aos produtores uma imagem própria insuficientemente valorizada para lhes dar vontade de continuar.

Organização.

A oficina é o primeiro lugar no qual o estagiário vai exercer as técnicas de base da organização de um grupo de trabalho (presidência, secretariado, ordem do dia etc.). Aí ele aprende a se referir às questões chave QUEM, O QUE, QUANDO, ONDE, COMO etc. As dificuldades reais da cooperação, da articulação dos desejos de cada um, permitem-lhe sentir as virtudes da divisão do tempo, do rigor e da precisão na distinção entre proposta, decisão, regra etc. O estagiário pode também se dar conta de que uma boa decisão corre o risco de jamais ser aplicada se nenhum responsável se encarregar de garanti-la.

4. Trocas de ferramentas e de experiências.

As tardes no estágio são em parte dedicadas às trocas de experiências. Dentro desta visão, cada um traz textos e documentos de sua turma ou do seu trabalho deste ano. Cada dia um tema é proposto (por exemplo, "ler", "trabalho em grupo de adultos", "como organizo meu trabalho"...). Os temas são escolhidos em função do que os participantes escreveram no seu formulário de inscrição, de maneira suficientemente ampla para dar a todos a oportunidade de apresentar seu trabalho, de retomar com outros uma experiência (não necessariamente bem-sucedida), trocar ferramentas que possam ser adaptadas, remanejadas de acordo com seu local de utilização. Aqui cada um escolhe seu grupo. Uma segunda seqüência de trocas se faz sem temas. Intitula-se "grupos livres" ou ainda, "grupos sob iniciativa". Este tempo e lugar são abertos a todos aqueles cujas preocupações não encontram lugar nos grupos com tema. Eles permitem igualmente uma maneira de troca imprevista, atividades não programadas (jogos de bola, ioga, teatro...). Podemos igualmente considerar que eles trazem o "vazio" indispensável a esta estrutura, aliás, bem preenchida.

5. Grupos de palavra.

A partir do seu segundo estágio, as pessoas em formação têm a possibilidade de participar cada dia durante uma hora e meia de um grupo sem um objetivo definido. Desembaraçados de qualquer preocupação com produção, mas apesar disso inseridos na realidade do estágio, estes grupos permitem à formação pessoal se ancorar em profundezas que uma formação clássica não pode atingir.

Trata-se de tomar consciência pela experiência de que nossa palavra, nossos gestos, nossas ações, nossas motivações podem ter um sentido à nossa revelia, podem também ter *vários sentidos*.

Trata-se também de aprender a escutar. Mas não se deve confundir com terapia. O fato de levar em conta o inconsciente em cada um de nós, de poder desvendar seus traços, às vezes suas armadilhas, é uma arma suplementar que ajuda a ultrapassar as dificuldades que entravam ou, mesmo, bloqueiam os trabalhos de grupo.

Estes grupos apresentam um certo parentesco com o grupo "T", mas diferem dele porque estão integrados a um conjunto, com uma alternância de grupos de produção, de trocas, de negociações, o que modifica totalmente os fins e os efeitos.

6. As noites.

São os momentos dos debates, de discussão na sessão plenária em torno de temas gerais. A colaboração de pessoas de fora, especialistas ou autores de monografia, de obras sobre pedagogia, psicanálise, permite enriquecer as teorias, as pesquisas, os conceitos que somos levados a utilizar.

Os temas escolhidos são adaptados ao mesmo tempo ao perfil dos estagiários e aos grandes problemas do momento (por ex.: pedagogia e política, meio, a informática na escola...). É também a ocasião de se aprender as técnicas de animação de um grande grupo (Philips 6/6, Panel etc.).

7. O jogo institucional.

O conjunto do estágio constitui, como dissemos, uma máquina complexa na qual cada um aprende a construir, a escolher uma posição de enunciação que lhe convém. Os locais de poder, as responsabilidades, a utilização do tempo e do espaço são ao mesmo tempo decisivas e visíveis. Aí se aprende a não confundir veleidade e desejo, a fazer seu lugar sem complacência nem canibalismo.

Para este fim vários lugares são arrumados, cada vez reinventados, cuja descrição geral não consegue dar a idéia exata. De volta ao seu local de trabalho, o estagiário terá um melhor conhecimento dos diversos níveis de responsabilidade, de decisão em seu estabelecimento, assim como no conjunto do sistema cujos elementos intervêm em graus diversos diretamente sobre seu trabalho.

Desta maneira todos ganham em aquisição de liberdade: suas escolhas, suas atividades estarão mais claramente situadas em relação aos textos, às instruções, aos meios que usa para levar os projetos a um bom termo junto com outros. Conceber, redigir, enumerar, defender, com parceiros tão diversos quanto os alunos, educadores de rua, das associações, um diretor, sindicatos, inspetores, responsáveis pela secretaria. Tudo isso não é uma sinecura e necessita de um mínimo de treinamento.

As dificuldades encontradas no estágio ajudam a não mais se enganar de lugar, a encontrar a porta certa, a não desperdiçar energia quando isto não for útil — enganando-se sobre a natureza do adversário, por exemplo.

8. Depois do estágio.

"Não fiquem sozinhos", é a máxima enunciada aos estagiários. Sendo assim, todos os anos favorecemos a implantação de grupos locais nos quais cada um pode se reciclar e encontrar recursos em caso de dificuldades.

É finalmente o lugar que oferece abrigo para continuar uma formação, cujo caráter reflexivo implica que ela prossiga indefinidamente.

Uma rede, um conjunto de meios e atividades solidárias constituem um apoio eficaz para os praticantes — pesquisadores que somos e queremos ser.

NOVAS BUSCAS EM EDUCAÇÃO
VOLUMES PUBLICADOS

1. *Linguagem Total* — Francisco Gutiérrez.
2. *O Jogo Dramático Infantil* — Peter Slade.
3. *Problemas da Literatura Infantil* — Cecília Meireles.
4. *Diário de um Educastrador* — Jules Celma.
5. *Comunicação Não-Verbal* — Flora Davis.
6. *Mentiras que Parecem Verdades* — Umberto Eco e Marisa Bonazzi.
7. *O Imaginário no Poder* — Jacqueline Held.
8. *Piaget para Principiantes* — Lauro de Oliveira Lima.
9. *Quando Eu Voltar a Ser Criança* — Janusz Korczak.
10. *O Sadismo de Nossa Infância* — Org. Fanny Abramovich.
11. *Gramática da Fantasia* — Gianni Rodari.
12. *Educação Artística* — luxo ou necessidade — Louis Porches.
13. *O Estranho Mundo que se Mostra às Crianças* — Fanny Abramovich.
14. *Os Teledependentes* — M. Alfonso Erausquin, Luiz Matilla e Miguel Vásquez.
15. *Dança, Experiência de Vida* — Maria Fux.
16. *O Mito da Infância Feliz* — Org. Fanny Abramovich.
17. *Reflexões: A Criança — O Brinquedo — A Educação* — Walter Benjamim.
18. *A Construção do Homem Segundo Piaget* — Uma teoria da Educação — Lauro de Oliveira Lima.
19. *A Música e a Criança* — Walter Howard.
20. *Gestaltpedagogia* — Olaf-Axel Burow e Karlheinz Scherpp.
21. *A Deseducação Sexual* — Marcello Bernardi.
22. *Quem Educa Quem?* — Fanny Abramovich.
23. *A Afetividade do Educador* — Max Marchand.

24. *Ritos de Passagem de nossa Infância e Adolescência* — Org. Fanny Abramovich.
25. *A Redenção do Robô* — Herbert R'ad.
26. *O Professor que não Ensina* — Guido de Almeida.
27. *Educação de Adultos em Cuba* — Raúl Ferrer Pérez.
28. *O Direito da Criança ao Respeito* — Dalmo de Abreu Dallari e Janusz Korczak.
29. *O Jogo e a Criança* — Jean Chateau.
30. *Expressão Corporal na Pré-Escola* — Patricia Stokoe e Ruth Harf.
31. *Estudos de Psicopedagogia Musical* — Violeta Hemsy de Gainza.
32. *O Desenvolvimento do Raciocínio na Era da Eletrônica* — Os Efeitos da TV, Computadores e "Videogames" — Patrícia Marks Greenfield.
33. *A Educação pela Dança* — Paulina Ossona.
34. *Educação como Práxis Política* — Francisco Gutiérrez.
35. *A Violência na Escola* — Claire Colombier e outros.
36. *Linguagem do Silêncio* — Expressão Corporal — Claude Pujade-Renand.
37. *O Professor não Duvida! Duvida!* — Fanny Abramovich.
38. *Confinamento Cultural, Infância e Leitura* — Edmir Perrotti.
39. *A Filosofia Vai à Escola* — Matthew Lipman.
40. *De Corpo e Alma* — o discurso da motricidade — João Batista Freire.
41. *A Causa dos Alunos* — Marguerite Gentzbittel.
42. *Confrontos na Sala de Aula* — uma leitura institucional da relação professor-aluno — Julio Groppa Aquino.

www.**gruposummus**.com.br

Acesse, conheça o nosso catálogo e cadastre-se para receber informações sobre os lançamentos.

www.gruposummus.com.br